2022年度国家社科基金一般项目“全媒体场景下高校思想政治教育优化研究”（课题编号：22BKS114）

思想政治教育研究文库

数智时代
网络思想政治教育守正创新研究

吴 穹 栾纪文 黄彦龙 著

光明日报出版社

图书在版编目（CIP）数据

数智时代网络思想政治教育守正创新研究 / 吴穹，栾纪文，黄彦龙著 . -- 北京 : 光明日报出版社，2025. 1. -- ISBN 978-7-5194-8417-0

Ⅰ. D64-39

中国国家版本馆 CIP 数据核字第 2025MD2322 号

数智时代网络思想政治教育守正创新研究

SHUZHI SHIDAI WANGLUO SIXIANG ZHENGZHI JIAOYU SHOUZHENG CHUANGXIN YANJIU

著　　者：吴　穹　栾纪文　黄彦龙

责任编辑：刘兴华　　责任校对：宋　悦　温美静

封面设计：中联华文　　责任印制：曹　净

出版发行：光明日报出版社

地　　址：北京市西城区永安路 106 号，100050

电　　话：010-63169890（咨询），010-63131930（邮购）

传　　真：010-63131930

网　　址：http://book.gmw.cn

E - mail：gmrbcbs@gmw.cn

法律顾问：北京市兰台律师事务所龚柳方律师

印　　刷：三河市华东印刷有限公司

装　　订：三河市华东印刷有限公司

本书如有破损、缺页、装订错误，请与本社联系调换，电话：010-63131930

开　　本：170mm × 240mm

字　　数：138 千字　　印　　张：12

版　　次：2025 年 1 月第 1 版　　印　　次：2025 年 1 月第 1 次印刷

书　　号：ISBN 978-7-5194-8417-0

定　　价：85. 00 元

数智时代开启网络思想政治教育守正创新“蓝海”

（代序）

当前，数智时代日益成为人类社会形态发展的重要特征。作为大数据与人工智能深度融合产生的数智技术及其物化成果，正逐渐演变为人们认识社会、认知自我与生产生活的重要场域，特别是从知与行两个维度，推动网络思想政治教育思维理念、主体力量、方法手段和评价机制等实现守正创新。作为“六个必须坚持”的世界观和方法论之一，“守正”，关键在于“正”，守的是那些不能变化或者不容易变化的思想、理论和规律，而“创新”，则凸显了优化的指向，创的是那些容易变化的部分。守正的目的是维持事物的本源价值，也是对创新的引导和约束。创新的目的是完善事物的外在向度，以保持本源价值应对时代挑战的生机活力，为守正保驾护航。具体来说，数智技术所能发挥的作用主要体现在以下方面：

一是数据驱动助力网络思想政治教育精准化。驱动，指支持发展的动力源，意在通过内部牵引、外部施力，促使事物不断向前发展。所谓数据驱动，是指在累积事实数据的基础上，通过数据采集、挖掘、处理、分析等工具，实现对当前数据深层特征的准确认知，发现规律，构建能够对未来形势准确进行演化预测和风险预警的模型，从而更加科学、智能地完成规划与决策。当今时代，人类认识世界、改造世界的思维理念发生了重大变化，改变了经验式感性认识，突破了思维逻辑边界，打破了原有思维惯性，尝试从海量非线性数据中探寻关联规则和潜在规律，从全新的视角解释“为什么”、指导“怎么做”。在数据理念指导下，数据驱动的作用将得到更加有效地发挥，能够通过对教育原始数据资源的分析处理，科学反映教育客体的思想行为动态，揭示教育活动深层次规律，赋能教育主体新视野、新洞见；通过精准化程度的提升，增强教育实施的针对性和实效性，从而为无法直接准确解决的矛盾问题提供一种客观可察的处理方案，实际是利用数据量和计算量来换取实证研究成本代价，因为在足够大的样本量面前，决策的概率偏差可以忽略不计，保证了数据决策的准确性。而数据自身的客观属性，与人类依赖数学工具评判科学性的认识倾向相契合，又强化了数据决策的可信度。洞悉数据驱动为网络思想政治教育带来的机遇，要立足于思想政治教育这个根本所在，注重主导数据技术为教育所服务，从数据驱动的外部技术特点入手，探析其给网络思想政治教育带来的显著变化和升级维度，由外部特征发挥牵引作用，逐渐转向内部特征发挥主导作用，最终探明数据驱动网络思想政治教育守正创新的路径所在。

二是算法推荐助力网络思想政治教育个性化。算法作为当前网络空间广泛使用的信息推荐策略和方法手段，其影响已经渗透到学习生活的各个领域，逐渐成为人们日常生活中不可或缺的组成部分。因此，推动网络思想政治教育守正创新，绕不开“算法”这一话题，这是破解网络思想政治教育面临矛盾困难的内在要求，是纾解算法特点与网络思想政治教育质效提升之间内在张力的客观要求，是求解基于算法的高校网络思想政治教育优化策略的必然要求。网络思想政治教育与传统思想政治教育之间的最大区别，在于是否借助不断革新的技术手段，持续放大教育功能，这在某种程度上是通过提升对网络信息数据的利用率和结合率实现的。大体量的教育资源、主客体的良性互动以及超越时空边界的信息获取方式，使得网络思想政治教育具备得天独厚的优势，这恰恰是算法的优长所在。由于现在青年学生基本都是“网生一代”，对互联网有着天然的亲近感，通过长期上网用网实践，每个人都在网上积累了海量用户数据，用户画像技术的应用使得对数据整理归类高效发生和有用资源及时共享成为可能，从而让过去无法应用、难以认识其价值的数据都有了用武之地，每个人的网络行为数据都可以得到充分发掘。通过适当的算法对这些数据加以妥善利用，能够准确反映个体的思想状况和学习情况发展演化脉络，最大限度确保画像的唯一性，为实施个性化教育提供了前提条件，推动网络思想政治教育由“千人一面”真正走向“千人千面”，确保每个人都能找到贴合自身的教育活动、教育载体和教育形式。

三是场景赋能助力网络思想政治教育沉浸化。作为人类社会的一种实践活动，无论是传统思想政治教育还是网络思想政治教育，都不可能脱离场景而独立存在，只有在场景提供的基础关系介质和环境依托中才能进行。场景是连接不同群体中不同个体的方式，强调了“人”作为媒介与社会的连接，以“人的需求”为基本导向，以时空体验为核心，本质上是人与周围具象或抽象事物的关系总和。数智时代传播技术的进步及媒介形式的更新，既为场景建构提供了理论可能，同时也准备了现实条件，与网络思想政治教育守正创新在本质上实现了范畴契合与规律统合。青年学生是网络空间的“原住民”，对全媒体时代多模态信息、具身认知、开放性交互的在线场景具有天然亲和力。在移动设备、大数据、传感器、社交媒体、定位系统等五种技术的赋能与加持下，场景除了营造出沉浸式的“现场感”，还具有更加丰富与系统的互动，由此带来的时空界限消弭、线上线下勾连和虚实空间互通，深刻影响并重塑网络思想政治教育生态，能够以“身临其境”的体验有力深化网络思想政治教育供给侧结构性改革。因此，场景日益成为移动互联时代信息、关系与服务的核心逻辑、连接纽带与流量入口，从而将各种育人资源和育人力量整合起来，让课上课下、线上线下、校内校外成为一个有机整体，线上线下一体打通、虚实空间同频共振，使青年学生在潜移默化中接受教育、在润物无声中荡涤心灵，通过大屏、小屏一体联动，使红色基因、核心价值、中华文化在方寸之间有序传承。

是为序。

作者

2023年11月7日

目　录

CONTENTS

上篇
数智时代网络思想政治教育守正创新理念探讨

推进新时代网络思想政治教育创新

推进新时代网络思想政治教育创新，需要清醒认识网络空间、网络手段、网络传播的特点和规律，弄清青年的认知特点和时代要求，积极探索前进路径，更新教育理念、优化教育内容、改进教育方式，借助“网线”进行“连线”，通过“链路”开辟“通路”，用“数据链”加载“生命线”，用“信息力”支持“生命力”，不断拓展教育的深度、广度、维度。

一、充分认清推进新时代网络思想政治教育创新的重大意义

回顾社会发展进程我们不难发现，每一次科技革命都是对人类自身的赋能与加持。比如，农业革命强化了人类的生存能力，工业革命拓展了人类的体力，而信息革命增强了人类的脑力。信息革命在推动生产力水平实现又一次质的飞跃的同时，对国际政治、经济、文化、社会、生态等诸多领域都产生了重大影响，特别是作为重要技术成果和标志性物化形态的互联网，越来越成为人们学习、工作、生活的新空间。从这个维度审视，网络舆论和依附于其上的各种社会思潮对网络意识形态安全和青年的思维方式、价值观念、行为模式影响深远。面对巩固网络意识形态安全，破解思想政治教育时代难题和用马克思主义教育人、培养人等多重要求，迫切需要深入研究网络空间认知特点、作用机理、传播规律，实现教育理念、内容、方法、力量、平台、

工作运行和制度机制的全方位创新，切实提高教育质效。

巩固国家网络意识形态安全的必然要求。在互联网这一舆论的主战场上，敌我之间的斗争一刻也没有停止过，我国网络意识形态安全面临严峻挑战，加强网络舆论生态治理，让网络空间风清气正，深入推进网络思想政治教育创新发展是应有之义。一是有助于壮大主流意识形态声量。习近平指出，“意识形态工作是党的一项极端重要的工作”①，“建设具有强大凝聚力和引领力的社会主义意识形态，是全党特别是宣传思想战线必须担负起的一个战略任务”②，“宣传思想工作就是要巩固马克思主义在意识形态领域的指导地位，巩固全党全国人民团结奋斗的共同思想基础”③，“网络已是当前意识形态斗争的最前沿。掌控网络意识形态主导权，就是守护国家的主权和政权”④。因此，习近平要求：“坚决打赢网络意识形态斗争，切实维护以政权安全、制度安全为核心的国家政治安全。”⑤只有借助网络技术不断发展思想政治教育，才能更好地与网上各种社会思潮对话、交流、碰撞和交锋，更好地展示社会主义主流意识形态的理论自信和实践自信。二是有助于涵育积极健康的网络文化。文化渗透是西方敌对势力的惯用手法，现在更是凭借媒体优势、话语优势和科技优势，积极借助网络平台体系性、持续性输出资本主义消费观念，妄图引诱青年追求物质享受、超前消费、精神刺激，削弱青年的意志抵抗力。培植境内外网络写手，刻意粉饰

① 习近平．论党的宣传思想工作［M］．北京：中央文献出版社，2020：14.

② 习近平．论党的宣传思想工作［M］．北京：中央文献出版社，2020：340.

③ 习近平．论党的宣传思想工作［M］．北京：中央文献出版社，2020：14.

④ 习近平．论党的宣传思想工作［M］．北京：中央文献出版社，2020：22.

⑤ 习近平．论党的宣传思想工作［M］．北京：中央文献出版社，2020：22.

资产阶级意识形态，极力宣传和灌输西方思想政治文化。对此，只有针锋相对地展开斗争，大力培育积极健康、向上向善的网络文化，不断用社会主义核心价值观、中国特色社会主义文化和人类优秀文明成果浸润心灵、滋养正气，充分发挥文化育人功能，才能切实巩固思想文化阵地，建设青年精神家园。三是有助于推进网络舆论生态治理。营造良好的网络舆论生态环境，构建规范的网络传播秩序，有助于实现信息在网络空间依法有序自由流动。随着网络舆论日益呈现出分众化、差异化、圈层化的传播趋势，不同的网络社群之间存在着分野甚至撕裂的风险。只有根据网络舆论形成演化规律，牢牢把握网络舆情发展的时、度、效，抓住时机、稳控节奏、讲究策略，科学合理地安排网络思想政治教育内容，不断提高青年对网络舆论的认知力、运用力、掌控力，并尽可能在舆情爆点来临前做好“免疫”“脱敏”等工作，有力提升网络舆论生态的治理水平。

破解思想政治教育时代难题的应对之策。中国特色社会主义进入新时代，这一历史方位的变化所带来的影响是全面的、深远的。网络思想政治教育所面临的形势自然也随之发生变化，突出表现在青年成长环境、文化素养、个性特质、成分结构等多个方面，由此引发的新问题、新挑战都需要通过新方法、新举措来破解。一是着力解决需求多样性与供给单一性的矛盾。网络空间信息呈指数型、爆发式增长，与海量多元的网络信息相比，目前各级所提供的信息相对单一。这种供需差距既体现在信息数量和信息频度上，也表现在信息类型的丰富度和呈现形式的多样化上，并随着互联网的发展和智能终端的普及日渐拉大。我们需要应对“需求侧变化”，抓紧时机推进“供给侧改革”，从源头上优化网络思想政治教育信息供给。二是着力解决需求自主性与供给主导性的矛盾。青年通过网络获取信息更加自由，对符合自己兴趣的信息，往往围观点赞、转发热捧，对自己不喜欢甚至摒弃的信息，则会吐槽拍砖、拉黑退群。我们应通过大力创新网络思想政治教育的形式与方法，实现融理论性、趣味性于一体，更好地契合青年的需求。三是着力解决需求发展性与供给滞后性的矛盾。青年作为网络世界的“原住民”，对信息内容的渴求与生俱来、对信息手段的运用极为娴熟，借助网络可以轻松做到对天下大事实时了解、动态感知。传统的信息供给方式因为双向交流渠道不通畅、反馈机制不灵敏，无法做到及时掌握教育对象的思想状况，跟进答疑解惑，从而削弱了自身的权威性和影响力。我们需要不断优化网络思想政治教育机制、搭建综合性网络思政教育平台，做到第一时间占领教育主阵地，不断提高教育的及时性和精准度。

促进青年实现健康成长的应然举措。互联网已经深度融入日常生活，网上网下、网内网外的一体融合构成了新时代人们实现自身生存和发展的新场域。“互联网虽然是无形的，但运用互联网的人们都是有形的”①。“在上面获得信息、交流信息，这会对他们的求知途径、思维方式、价值观念产生重要影响，特别是会对他们对国家、对社会、对工作、对人生的看法产生重要影响。”②因此，客观上要求充分利用网络，促进青年健康成长。一是适切网络生存要求。“网络空间是虚拟的，但运用网络空间的主体是现实的”③。某种意义上，只有最终达成虚实

① 习近平．论党的宣传思想工作［M］．北京：中央文献出版社，2020：175.
② 习近平．论党的宣传思想工作［M］．北京：中央文献出版社，2020：194.
③ 习近平．论党的宣传思想工作［M］．北京：中央文献出版社，2020：173.

两个空间的和谐有序，才能真正实现人的自由而全面的发展。从本质上来看，人在网络空间的生存发展建立在现实空间生存发展的基础上，离开现实空间、片面沉迷于虚拟世界，不仅难以实现所谓的发展，反而会“异化”为一种限制和束缚。只有跟进创新网络思想政治教育，才能有效引导青年学会按照道德要求和法律规范在网络空间学习、工作、交往和生活，有效运用网络空间中蕴藏的丰富资源，进而不断提高网络生存能力。二是提升媒介素养水平。网络空间是各种思想观念交流、碰撞、交锋的集散地，特别是传统意义上“把关人”缺失、“信息筛选者”作用强化带来的“过滤泡”效应以及算法型内容推送营造的“信息茧房”，增加了青年从中提取有用信息的难度，客观上需要借助强有力的网络思想政治教育涵育媒介素养，从而在面对纷繁芜杂的信息时能够始终保持正确的立场、坚决的态度和鲜明的观点，不断提升明辨是非的能力，进而自觉抵制各种非主流思潮的影响。同时，网络空间同样充满正义与邪恶、美与丑的较量，甚至有时充斥着虚假、恐怖、色情、暴力等，需要通过创新发展网络思想政治教育来强化相应的免疫力。三是矫正网络异常行为。网络异常行为是指在网络空间违反网络规则或社会主流价值观念和准则，并引起非议或影响自身发展的行为。实践证明，网络引发的问题需要通过网络方法来化解，仅靠现实环境下的教育引导是难以奏效的。对于少数青年沉迷网络等异常行为的矫正，是网络思想政治教育的重点和难点。有效运用网络认知行为矫正法、网络注意力转移法、网络替代延迟满足法、网络主体性培育生成法等网络思想政治教育新方法，在网络行为规范、网络主体认知、网络人格重塑中有着难以替代的作用。

二、准确把握推进新时代网络思想政治教育创新的主要原则

网络对社会和人的发展产生影响的实质在于，它创造了人的新的生存状态、交往空间和发展条件。人们在享受先进科技成果带来便利的同时，需要秉承原则、守住底线，确保始终在正确轨道上平稳运行。

坚持一元指导与多样诉求相结合。网络环境中，教育者和受教育者地位平等、施教受教对等。由于教育者权威性和主导地位丧失，青年思想认识参差不齐、看法各异，容易弱化思想政治教育质效，因此必须坚持多元中有主导、多样中谋共识。一是既要直接灌输，更要启发交流。灌输是开展思想政治教育的基本方法。要坚持不懈地强化党的创新理论武装，通过深入学习宣传贯彻习近平新时代中国特色社会主义思想，帮助青年澄清认识误区、拨开思想迷雾、坚定理想信念。针对青年思想活跃、民主意识和参与意识都比较强的特点，推动教育模式变革，主动改变以往我讲你听、个人唱独角戏的方式，适时抛出话题、设计环节、创造条件，通过互换角色，在交流互动中增长见识、在辨析讨论中谋求共识。二是既要把握共性，更要尊重个性。网络思想政治教育的特点决定了应根据青年实际，摒弃“一锅煮”“一刀切”的简单做法，坚持统一要求与分类指导相结合，先进性要求与层次性要求相统一，针对不同年龄层次、不同生活阅历带来的理解水平和接受能力差异，切实增强教育的区分度、精细度，确保始终在多元之中有主导、多样之中有主题、多变之中有主见。三是既要坚守立场，更要以人为本。从教育的目标宗旨和客体特征来看，网络思想政治教育更要坚持以人为本，充分发挥人的主体作用和主观能动性，增强亲和力，强化凝聚力，扩大影响力。但以人为本不是听之任之甚至放任自流，而是要对青年存在的思想偏差加强正面引导、及时纠偏正向，引

导青年掌握科学真理、认清人生哲理、明白生活常理，以科学的思维方式和积极的人生态度来探索、认知和判别身边事物、把握人生走向。

坚持网上教育与网下教育相融合。网络与现实生活息息相关、紧密融合，但网络终究不是生活的全部，如果沉迷其中不能自拔，对身心都会产生负面影响。因此，我们应把网络作为开展思想政治教育的重要载体，坚持网上网下互促共进。一是融汇网上网下两种资源。网络空间具有匿名性、虚拟性等特点，现实中青年思想行为具有一定的防范性、隐蔽性和自我掩饰性的特点。因此，青年既要注意从网上的言论中分析、把握现实思想问题，也要善于通过思想动向分析和应对网上舆情，通过两种信息资源的相互映照，切实把现实问题和思想把握准，把问题的原因分析透。二是贯通网上网下两种机制。当前几乎所有的思想政治教育都可以依托网络开展。但网络思想政治教育不能只着眼于网上，放弃网下，要既坚持“面对面”又发展“键对键”，既坚持“线连线”又做到“心贴心”，既坚持“网络在线”又注重“深入一线”。通过网上网下互通联动，将网上调查与实地调研、网上引导与现场教育、网上评估与现实考察结合起来，多渠道掌握思想、多举措宣传教育、多方位检查指导，推动思想政治教育实现网络化、信息化。三是整合网上网下两种力量。推动思想政治教育模式变革，“关键要走好群众路线，通过群众创新打开教育新天地”①。这就要求既要实现教育者懂网络，切实强化用网意识，提高依托网络开展工作的能力，也要实现让建网管网的人懂教育，充分发挥各类网络专业力量、思政教育力量的示范引领作用，带动青年发挥主体作用、能动作用、主人翁作

① 努力开创新时代人民军队思想政治教育新局面［N］. 解放军报，2020-12-05（1）.

用，最终形成人人懂网、人人建网、人人用网，整体抓教、合力抓教、全员受教的大格局。

坚持传统方式与信息优势相契合。随着时代发展，“数字化生存”已经成为青年日常生活状态的真实写照，要在继承和发扬传统优势、延续红色血脉的基础上，充分运用新媒体、新技术使教育活起来，努力开辟互为补充、相得益彰的方法路径。一是秉持嵌入理念。“全媒体不断发展，出现了全程媒体、全息媒体、全员媒体、全效媒体，信息无处不在、无所不及、无人不用，导致舆论生态、媒体格局、传播方式发生深刻变化”①，为推进思想政治教育创新提供了新途径、拓展了新天地。相对思想政治教育本体而言，网络方法与传统方式二者之间不是替代关系，而是迭代关系；不是谁主谁次，而是此长彼长；不是谁强谁弱，而是优势互补。我们要针对社会发展和现实需求，将新兴手段嵌入传统做法。比如，在用好课堂教育主渠道的同时，有机融入网络在线反馈机制并支持线上讨论，通过实时了解受教育者的理解程度，及时定位思想盲区，便于调节授课进度、实施重点讲解。二是推广植入理念。如今，新兴媒体影响越来越大。“新闻客户端和各类社交媒体成为很多干部群众特别是年轻人的第一信息源”②。思想政治教育必须主动占领这一阵地，借助网络传播速度快、信息覆盖广、载体样式多的优势，采用信息植入的方法，通过动态LOGO、悬浮窗口、专题专栏等形式，让传统教育元素附着于网络界面之上，使青年登录网页就能看到教育直播，点击链接就能浏览文化信息，搜索查询就能接触主流资讯，做到时时能参与、处处可熏陶、天天受教育。三是注重耦合理

① 习近平．论党的宣传思想工作［M］．北京：中央文献出版社，2020：354.

② 习近平．论党的宣传思想工作［M］．北京：中央文献出版社，2020：353.

念。“宣传思想工作创新，重点要抓好理念创新、手段创新、基层工作创新，努力以思想认识新飞跃打开工作新局面，积极探索有利于破解工作难题的新举措新办法，把创新的重心放在基层一线”①。我们要充分发挥科技的耦合功能，将传统教育方法与网络教育手段紧密联系起来，相互取长补短、兼容并存，力求在目标上追求一致、内容上寻求互补、方法上探求实效。聚力建好、用好网络空间这一新课堂、新阵地、新平台，使红色基因有序传承，使政治工作传统优势借助新平台大放异彩，在发扬传统优势与注入时代元素的动态平衡中，不断增强思想政治教育的吸引力和感染力。

三、牢固树立起推进新时代网络思想政治教育创新的鲜明导向

习近平指出，“当前，社会上思想活跃、观念碰撞，互联网等新技术新媒介日新月异，我们要审时度势、因势利导，创新内容和载体，改进方式和方法”②。创新发展网络思想政治教育，要在继承传统教育经验做法的同时，积极克服陈旧理念，从简单协作的“+网络”迈向深度融合的“网络+”，在新的起点上使思想政治教育有一个大的提升。

树立起问题导向，推动网络思想政治教育持续创新。问题是时代的声音。我们要及时关注新事物可能引发的新问题，以强烈的责任感、使命感、紧迫感主动占领网络阵地。一是摒弃陈旧理念，积极树立新思维。要强化跨界融合意识。深入研究网络思想政治教育的表现形式、本质特征、客观规律，利用信息通信技术和网络平台催生思想政治教育新形态，让青年在信息获取、选择和传播过程中受到影响。要强化

① 习近平．论党的宣传思想工作［M］．北京：中央文献出版社，2020：16.

② 习近平．论党的宣传思想工作［M］．北京：中央文献出版社，2020：133.

开放共享意识。克服盲目排外、自我循环的思想，破除关起门来干工作的习惯做法，从以往自上而下的垂直教育状态中挣脱出来，从掌握话语权的权威角色中摆脱出来，更加主动自觉地走进网络。要强化创新引领意识。加强对网络思想政治教育重大理论和实践问题研究，认真归纳总结实践做法，及时提炼上升为理性认识成果，以制度形式固化下来，促进网络思想政治教育正规有序发展。二是力避单向灌输，主动应对新受众。针对青年价值取向多元、思想观念多变、兴趣爱好多样、利益诉求多维的鲜明特点，善于利用大数据分析，通过“数字孪生”甚至“数智孪生”准确抓住青年的内心想法和内在诉求，因人而异地调整教育内容、方法。更加重视交流互动，通过自主式、启发式、互动式教育的开展，切实改变“我讲你听”的生硬说教方式，变“一人讲”为“大家谈”，广泛开展群众性网上自我教育活动。更加重视培育“大V”，着力发挥“大V”等新型意见领袖在网络空间的话题制造、话语主导和信息筛选作用，鼓励他们发布有见地、有深度的正面言论，搞好思想教育、理论宣传和舆论引导，牢牢地把握住网络空间的话语权，实现对信息流向的有效掌控。三是加强组织领导，逐步完善新体系。做好顶层设计，通过理论探讨、实地调研、参观见学等方式，继承以往积累的经验做法，吸收借鉴其他领域的有效方案，形成贴合本单位、本部门实际的规划蓝图。固化制度机制，明确奖惩条件和素质要求，为想干事、会干事、能干事的人才搭建舞台，让他们在推动网络思想政治建设的道路上尽展才华，逐步营造良好的用人导向和舆论氛围。建强主体力量。坚持教育者先受教育，通过各种类型的集训培训，增强教育者依网、用网、在网进行组教施教、抓教评教的能力，不断增强教育过程中的引导力、引领力。

瞄准发展导向，推动网络思想政治教育积极走“芯”。网络思想政治教育要适应新形势、实现新发展，就要把信息科技植入自身领域，紧盯新特点、建设新平台，适应青年“网上冲浪”“指尖生活”等特点，不断增加“点击量”、赢得“关注度”、收获“点赞数”。一是通过入“芯”开发“新空间”。要做到系统设计“模块化”。按照“一网集成、一图识别、一键掌控”的建设思路，集成现有数字化、网络化、智能化成熟技术，完成系统升级、数据整合、资源共享，将原有单一功能指向的软件设备集成为综合化多向度的支撑平台。要做到互动感知“实时化”。开发行为跟踪、社会网络分析、视频监控识别等模块，开通话题监测、用户情感分析、人脸表情识别等功能，建立综合调查、自动统计、数据分析等系统，经过综合分析形成教育资源“散布图”、网络行为“关联图”、情感状态“矩阵图”。要做到数据处理“智能化”。运用大数据、云计算等技术，对学习动态、任务达标、综合调查等信息，进行内在关联识别、行为规律提取、智能分析判断，精准定位理论学习兴趣点、时事关注兴奋点、个人成长疑惑点，在追踪“数据轨迹”中知晓现实需求、获取决策依据，实现从“模糊决策”“经验决策”向“数据决策”“智能决策”转变，推动思想政治教育精准化、科学化。二是通过强“芯”实现“新拓展”。要把握信息化传播规律。通过智能显示终端、热点发布系统等媒介，实现思想政治教育柔性渗透、实时感知、智能分析、渐进提升。要构建多维度兼容体系，实现网络思想政治教育平台通用共享、数据充分挖掘、信息互联互通，打破内部“数据孤岛”“联通壁垒”，打造具有广泛信息处理能力和综合决策支持能力的智慧化平台。要融入多元化方法载体。充分运用各种新颖、高效、智能的表现形式，建立图文并茂、声像齐全、励志舒心的“资源库”，在

5G 技术支持下，运用人工智能、3D 技术、VR/AR 等多种手段，开发个性定制、弹幕互动、智能答疑、自助服务等功能，通过个性、智能、连线等方式学知识、教方法、解疑难，不断增强时代性、吸引力、感染力。三是通过用“芯”释放“新势能”。要激发创新动力。充分运用网上教育资源、互动交流平台、智能分析系统，依托电子信息交互设备终端，通过全员参与体验、相互交流传播、综合智能分析，满足青年的个性化需求。要营造健康氛围。严把信息录入关口，通过自学习不断实现算法优化升级，运用大数据和 AI 技术对自主上传的信息进行筛查，杜绝违反法律法规的文字、图片和视频在网上传播。要完善运行机制。健全平台使用规范，引导青年正确使用，发挥最大效能。建立有效互动反馈，让线上互动答疑解惑与线下解难帮困有机结合，保持平台热度黏度，防止教育者唱独角戏。

树牢目标导向，推动网络思想政治教育深入人心。“真理、真情、真实”是教育的力量所在。好的教育，既要靠真理入脑、靠真情入心，也要靠真实入行。推进网络思想政治教育创新发展，仍然要坚持“真”这一核心要义，切实围绕“真”字做文章、坚持用“理”解疑惑、用“心”搞教育、用“实”蓄底气。一是画好“同心圆”。所谓“同心圆”，就是“在党的领导下，动员全国各族人民，调动各方面积极性，共同为实现中华民族伟大复兴的中国梦而奋斗”①。为此，要建立融思想性、知识性、趣味性、服务性于一体的“e 课堂”，使党的创新理论、国际重大事件、社会热点问题等权威解读及时与青年见面，以图文并茂、声像俱全的方式，将严肃主题活泼化，抽象道理直观化、形象化。要勇于应对挑战、积极化解风险，及时了解青年诉求、主动答疑解惑，力

① 习近平．论党的宣传思想工作［M］．北京：中央文献出版社，2020：195．

求让党中央决策部署与青年价值追求最大程度实现同频共振。二是铺设“连心桥”。习近平强调，“让互联网成为我们同群众交流沟通的新平台，成为了解群众、贴近群众、为群众排忧解难的新途径，成为发扬人民民主、接受人民监督的新渠道”[①]。要充分发挥网络的实时性、互动性、匿名性和虚拟性等优势，把思想引导与网络交往结合起来，开设“领导信箱”“回音壁”，及时解答青年提出的问题；做到“事务公开”，创设“建言献策”的渠道，让涉及青年切身利益和普遍关注的事项都在阳光下运行；开通“心理门诊”“法律在线”，及时解决青年的心理问题和涉法难题，做到心里话有处说、烦心事有处诉，难言事有人问、难办事有人管，以情感沟通促进思想交流。三是争做“贴心人”。“青年是标志时代的最灵敏的晴雨表。”[②] 在网下，“是一个一个具体的人的集合，每个人都有血有肉、有情感、有爱恨、有梦想、都有内心的冲突和忧伤”[③]。要针对青年阳光开朗、乐观向上的特点，坚持寓教于乐、寓学于乐，引导他们进行热点辨析、焦点讨论，有针对性地在线答疑解惑，使教育内容紧贴时代、紧贴青年、紧贴实践，摆脱理论性强而寡淡无味的刻板印象。要发挥文化活动放松身心的作用，借助抖音、快手、B 站等喜闻乐见的平台，实现娱在网上、育在其中。要主动回应青年需求，将解决思想问题与解决现实问题结合起来，让教育不仅有力度、有深度、有锐度，而且有温度。

（原文载《中国军事科学》2021年第1期，吴穹，谢晋源，部分内容有删改）

① 习近平．论党的宣传思想工作［M］．北京：中央文献出版社，2020：196.

② 习近平．论党的宣传思想工作［M］．北京：中央文献出版社，2020：71.

③ 习近平．论党的宣传思想工作［M］．北京：中央文献出版社，2020：265.

从《古田会议决议》看如何推动思想政治教育时代创新

《中国共产党红军第四军第九次代表大会决议案》(即《古田会议决议》，以下简称《决议》)，是历史上指导军队开展思想政治教育的经典文献。据统计，《决议》中共有26次提到“教育”，列举了10种党内教育教材和18种教育方法，对红军士兵的政治训练内容、方法等都作了详细规定。《决议》对当时红军革命实践和内部思想状况进行了深入分析，提出了一系列极具操作性和指导性的具体方法，形成了完备、系统、科学的思想政治教育认识论、方法论和实践论，对推进新时代思想政治教育创新有着深刻启示。

一、认识之维：强化构建教育目标体系

马克思指出，“占统治地位的将是越来越抽象的思想，即越来越具有普遍性形式的思想”[①]，而思想政治教育的目标便是将抽象化理论具象化展开的过程。有学者认为，“这一展开过程主要有联接、协调和认同三个目标体系，这三个目标分别对应向外构建社会协作关系、协调内外关系、向内构建认知结构关系”[②]，这在当年的《决议》中得到了很好

① 中共中央马克思恩格斯列宁斯大林著作编译局．马克思恩格斯选集：第1卷［M］．北京：人民出版社，2012：180.

② 赵达远，臧宏．思想政治教育目标体系研究［J］．思想教育研究，2016（11）：8-12.

的体现。

基于联接的目标体系。“联接”对应着向外构建社会协作关系，即实现普遍的个体在价值取向、社会关系、利益获取等方面存在“强作用力”的联系，在《决议》中体现为宣传工作、具体制度的综合作用。宣传方面，“红军宣传工作的任务，就是扩大政治影响，争取广大群众。由这个宣传任务之实现，才可以达到组织群众、武装群众、建立政权、消灭反动势力，促进革命高潮等红军的总任务。”[①]通过宣传马克思主义和中国革命的理论，从而在思想上“掌握群众”，争取社会的普遍同情，以此将社会中的个体联接起来，建立团结的统一战线。具体制度方面，创造性地提出民主集中制度、废除肉刑制度、经济制度、优待俘虏制度等一系列制度，建立工农武装割据政权，以政治的权威力量作为强制性手段，实现个体之间普遍的强联接。据此，推进思想政治教育创新，应当注重教育、宣传和社会意识形态熏陶相结合，使党的思想在全社会被普遍地接受和认同，用强作用力将人民内外联接起来，从而形成社会共育的强大合力。

基于协调的目标体系。协调目标体系是根据上层建筑和广大受众群体发展产生的矛盾，以正确处理方法来减少思想工作和实际工作的阻力，最终为上层建筑的服务。在《决议》中体现为对单纯军事观点、极端民主化、非组织意识、绝对平均主义、唯心观点、个人主义、流寇思想、盲动主义的残余这八种党内的错误思潮进行批评和纠正，这些不正确的思想倾向正是当时的上层建筑和个体之间矛盾分歧的具体表现，也是制约红军发展壮大和影响中国革命进程的根本所在。促进

① 毛泽东. 古田会议决议［R］. 中国共产党红军第四军第九次代表大会，1929.

个体与整体的统一，是构建基于协调的目标体系的出发点。因此，推进思想政治教育创新，应当把握“个体”与“整体”的辩证关系。将个体差异性的价值诉求和思想观念统一到社会主义核心价值观上来。用习近平新时代中国特色社会主义思想武装头脑，深刻领悟“两个确立”的决定性意义，增强“四个意识”、坚定“四个自信”、做到“两个维护”，不断提高思想政治教育质效。

基于认同的目标体系。“基于联接”的目标体系和“基于协调”的目标体系是思想政治教育目标体系构建的中间形态，无论是实现“个体联接”还是“整体协调”，其最终目标是实现普遍的思想认同，这也是从“抽象的思想”转化为被人们接受的“普遍性思想”的目标。基于认同的目标体系是在“联接”和“协调”基础之上的高层次目标体系，是思想政治教育目标的高级形态，决定着思想政治教育的最终指向。《决议》中，无论是通过宣传和具体制度以实现个体之间价值的联接，还是通过纠正各种错误思想以实现个体与整体之间的协调统一，其最终目标是实现广大民众对革命的思想和理论产生普遍认同，以普遍彻底的思想改造，唤醒民众的无产阶级认识，使其衷心拥护革命、支持革命、参加革命。因此，推进思想政治教育创新，应当使教育的目标设定对社会主义核心价值体系的认同，对实现中华民族伟大复兴中国梦的认同，成为人们人生观和价值观中重要的组成部分，实现从理论认同、政治认同、情感认同到习惯认同、价值认同的飞跃。

二、方法之维：积极探索教育实现路径

《决议》的形成过程和《决议》本身都是马克思主义思想政治教育方法论的集中体现。古田会议召开的过程和《决议》通篇，都鲜明地

体现着发现问题、分析问题、深入调查、分析深层次的原因、提出解决方法的思路。会议召开之前，无论是“七大”的争论，还是毛泽东离开前委期间的深入调查和《决议》形成过程中的广泛征求意见，都是思想政治教育方法论的具体体现，也是马克思主义思想政治教育“人本性”理念的具体体现。

对实践问题的调查掌握是思想政治教育的出发点。马克思和恩格斯在《德意志意识形态》中指出，“我们开始要谈的前提不是任意提出的，不是教条，而是一些只有在臆想中才能撇开的现实前提。这是一些现实的个人，是他们的活动和他们的物质生活条件，包括他们已有的和有他们自己的活动创造出来的物质生活条件”①，“以‘现实的个人’还是‘抽象的人’为逻辑起点是马克思主义思想政治教育和资产阶级政治性工作的根本区别”②。这在古田会议中得到了体现，毛泽东同志在古田会议召开之前便在新泉、官庄等地深入连队和村庄，与基层战士、农民群众等进行深入交谈，展开了长达数月的调查研究。在《决议》初稿形成之后，他又反复征求各方意见，从而掌握了党内和军内存在的各种在“现实的人”身上发生的倾向性问题。毛泽东同志在《反对本本主义》开篇便强调“没有调查，就没有发言权”③，调查研究是毛泽东思想的重要体现，也是马克思主义方法论的重要组成部分。针对“现实的人”调查研究是发现问题和分析问题的起点，也是开展思想政治

① 中共中央马克思恩格斯列宁斯大林著作编译局. 马克思恩格斯文集：第1卷［M］. 北京：人民出版社，2009：524.

② 李忠军，钟启东. 马克思恩格斯经典文本中关于思想政治教育的核心论断［J］. 马克思主义研究，2018（9）：123-131，164.

③ 毛泽东. 反对本本主义［M］// 毛泽东 . 毛泽东选集：第一卷 . 北京：人民出版社. 1991：109.

教育的出发点。新时代推进思想政治教育创新，要始终把“大众个体”作为出发点和落脚点，树立思想政治教育“人本性”理念，了解掌握个体的思想动态和实际困难，以改造思想和解决问题入手，营造暖意融融的思想政治教育氛围。抓住“真”字的力量。坚持“用真理说服人、用真情感染人、用真实打动人”，理直气壮讲道理，讲清楚“是什么”“为什么”和“怎么做”；平易近人讲感情，用热情感动人、温情温暖人、激情打动人；保持真实聚人心，讲真话、行真事、做真人。

现实本身力求趋向思想是思想政治教育的转化原则。马克思认为，“光是思想力求成为现实是不够的，现实本身应当力求趋向思想”。[①]这说明无论采取什么方法手段，其根本原则在于思想掌握现实。《决议》中对此也有具体体现。具体问题具体分析体现了“思想成为现实”。《决议》全文分为八个部分，第一部分是纠正党内非无产阶级意识的不正确倾向问题，针对前期暴露的问题进行了深层次分析，而后二到八部分，便是解决方法的具体体现。具体到每一部分，都是先进行归纳分析，再提出解决方法，明确使革命的思想掌握革命的现实的有效举措。对教育手段的灵活选择体现了“现实趋向思想”。《决议》第三部分规定了教育开展的10类教材和18种方法，运用了读书看报、会议、谈话、批评等当时可以运用的一切手段，极大地丰富了教育开展领域。思想政治教育的目的就是为了改造受教育者的思想，在古田会议的时空视域下，就是改造红四军内部的各种非无产阶级思想，进而统一全军官兵的认识，达到为革命服务的目的，依据教育效果的呈现选择教育手段，灵活选择方法手段是提高思想政治教育效果，即“现实趋向思想”

① 中共中央马克思恩格斯列宁斯大林著作编译局．马克思恩格斯文集：第1卷［M］．北京：人民出版社，2009：13.

的具体体现。马克思指出，“批判的武器当然不能代替武器的批判，物质力量只能用物质力量来摧毁；但是理论一经掌握群众，也会变成物质力量。”[①]新时代，推进思想政治教育创新，要把握思想力量和现实力量的双向互动，思想是行动的先导，按照统一思想、解决问题、应用实践的链路达成目的；现实检验并改进思想，以具体实践为鲜明教材，灵活方式手段来改造思想。

三、实践之维：全面呈现教育基本要义

有学者认为思想政治教育应该包含以下基本要义，“彰显社会发展需要与个人发展需要的统一，体现教育者主导作用与受教育者主体作用的统一，以及涵盖对思想政治教育过程中普遍使用的规则和方法的中性化描述”[②]。《决议》中对以上基本要义都有不同程度的体现。

革命进程与个人命运的统一。当时红军的主要成员是农民和旧军队人员，而旧军队人员之中大部分也来自农民阶级。毛泽东在《中国社会各阶级的分析》一文中指出，大部分农民当时生活的现状是“于艰难竭蹶之中，存聊以卒岁之想”。[③]农民阶级参加革命的主要原因是迫于地主压迫，生活难以为继，而不是基于对中国革命的认同，因此，中国共产党领导的革命对于社会的彻底改造性认识不足。农民阶级之所以难以在思想上和党的主张一致，其根本原因是个体与革命的思想出发点不同。《决议》开篇便指出，“四军党内种种不正确倾向的总来源，

① 中共中央马克思恩格斯列宁斯大林著作编译局. 马克思恩格斯文集：第1卷［M］. 北京：人民出版社，2009：13.

② 董雅华. 思想政治教育概念厘定的向度和要义［J］. 思想理论教育导刊，2020（09）：116-121.

③ 毛泽东. 毛泽东选集：第一卷［M］. 北京：人民出版社，1991：7.

自然是由于党的组织基础最大部分是建筑于农民及其他小资产阶级成分之上，然党的指导机关对于这些不正确倾向缺乏一致的坚决的斗争，缺乏对党员正确路线的教育，亦是使这些不正确倾向存在和发展的重大原因”[①]。这一论断体现的是革命进程对红军整体思想塑造的无产主义要求和红军中的士兵个体利益的差异性，这导致在无产阶级指导思想中产生了非无产阶级倾向。“纠正党内非无产阶级意识的不正确倾向问题”体现的便是通过思想政治教育的手段实现革命进程和个人命运的统一。因此，推进思想政治教育创新要引导人们将个人的奋斗投入中华民族复兴的伟大实践中，把握个人理想与中国梦、个人成就与人民事业、个人利益与社会实践的统一，在努力奋斗中形成思想上的“齐心”和行动上的“合力”。

教育者主导性与受教育者主体性的统一。政治教育的主体包括抽象主体和具象主体，抽象主体即阶级、政党和社会群体，具象主体为代表阶级利益的相关领域研究专家、教育者、受教育者等。从目的论来看，思想政治教育是统治阶级为了达到目标，对受教育者开展某些教育，此时教育者为主体，受教育者为客体，体现的是教育者的主导性；从需求论来看，受教育者在某些实践中，由于出现思想问题和各种偏向，而需要通过思想政治教育的手段对其进行纠正，此时受教育者为主体，教育者为客体，体现的是受教育者的主体性。二者彼此融合，相互促进，统一于思想政治教育的具体实践中。《决议》中“红军党内最迫切的问题，要算是教育的问题。为了红军的健全与扩大，为了斗争任务之能够负荷，都要从党内教育做起”[②]，便是目的论的具体体现。“不

① 毛泽东. 古田会议决议［R］. 中国共产党红军第四军第九次代表大会，1929.

② 毛泽东. 古田会议决议［R］. 中国共产党红军第四军第九次代表大会，1929.

提高党内的政治水平，不肃清党内各种偏向，便决然不能健全并扩大红军,更不能负重大的斗争任务”[①]，便是需求论的具体体现。基于目的和需求、教育者主导性和受教育者主体性的客观实际,《决议》得出“因此，有计划地进行党内的教育，纠正过去无计划的听其自然的状态,是党的重要任务之一”[②]的科学结论。据此，推进思想政治教育创新，要从供给侧和需求侧双向用力，特别是要用好画像技术、算法推荐、个性化推送等技术手段，实现供给和需求的精准对接，内容上在主导范围内尽最大可能满足人们的个性化需求，形式上强化教育者与受教育者之间的双向互动，不断提高思想政治教育的质效。

涵盖理论灌输和实践转化统一的方法描述。《决议》规定的18种思想政治教育方法中，前17项是理论灌输的内容，第18项“适当地分配党员参加实际工作”[③]便是对理论知识的实践转化要求。毛泽东一向注重解决思想问题和解决实际问题相结合，这既是毛泽东思想的重要原则和方法，也是思想政治教育的基本方法。中国共产党在革命开始时就注重将理论灌输和实践转化统一起来。以理论灌输统一革命的思想，使其转化成革命的行动；以实践转化为目标，加以革命的正确的理论指导，并在实践中不断检验理论、改进理论。在辩证统一中不断促进理论和实践的发展，形成了一整套思想政治教育体系。新时代开展思想政治教育，要注重思想和物质的辩证关系，将解决思想问题和解决实际问题有机结合。准确把握人们的思想动态，分析思想问题产生的深层次原因，精准根治人们的思想问题。要认真调查人们遇到的实际

① 毛泽东．古田会议决议［R］．中国共产党红军第四军第九次代表大会，1929.

② 毛泽东．古田会议决议［R］．中国共产党红军第四军第九次代表大会，1929.

③ 毛泽东．古田会议决议［R］．中国共产党红军第四军第九次代表大会，1929.

问题，以关心工作生活入手，着力解决实际问题。注重思想问题背后隐含的实际问题和实际问题所引发的思想问题，从实践上推动解决思想问题和解决实际问题的融合统一，不断提高新时代思想政治教育的感召力。

（黄彦龙，吴穹）

新论网络思想政治教育主客体关系

“网络思想政治教育是在网络信息生态中，主流意识形态信息高势位供给与网民高自主需要互动共生的，有目的、有计划、有组织地促进人思想、政治、道德素质全面提升的数字化教育实践”①。当前网络思想政治教育理论研究和实践探索持续走向深入，针对网络思想政治教育主客体概念和关系，学界结合哲学发展历程和实践探索经验逐渐经历了“主体性关系—主体间性关系—他者性关系”转向的深化拓展。无论网络技术如何发达，网络教育模式怎样新颖，归根结底网络思想政治教育仍然是思想政治教育在互联网时代新的发展形态，理应承续思想政治教育的基本定位，教育主客体关系仍保持传统根本规定性不变，但主客体交互状态、理念、方法、内容体系、环境等发生了革命性变化。因此，我们要重视“对网络思想政治教育本质的把握”，“对教育主客体互动机制的考察”②，能够准确明晰教育主客体概念意涵，理清教育主客体责任关系，促进和谐发展。

一、网络思想政治教育主客体关系之“变”

随着网络信息技术深度渗透思想政治教育活动，特别是数据驱动

---

① 谢玉进．新时代网络思想政治教育概念再界定与研究深化［J］．思想教育研究，2022（5）：58．

② 周文静，胡树祥．网络思想政治教育主客体研究的回溯与展望：基于 CiteSpace 的可视化分析［J］．学校党建与思想教育．2022（7）：81．

的网络媒体快速发展，以及网络远程教育、直播教育、沉浸式教育等的演化升级，教育主体在网络实践中形成了区别于传统教育的身份定位和工作原则。担负思想政治理论教学任务的主体在网络场域中面临更加严峻的客体注意力“涣散”，网络主流融媒体日趋成为开展理论宣讲、教育引导的核心集体。广泛在网的教育客体则在网络海量信息的无差别冲刷和个性化推送中，其思想见解和心理预期形成鲜明特征，在网络信息交互活动中拉近、拉平与教育主体的地位差距。多方因素促使主客体关系发生诸多变化，需要立足网络思想政治教育运行实际一一辨析辨明。

主客体互认之“变”：选择自由促使主客体“圈层”隔离。随着网络成为个体或组织发表观点、传播信息的首选平台，低成本、高频率的信息产出，将教育客体注意力从权威信息源拉向大众化、市场化信息源，大部分网友习惯了漫无目的地“刷手机”，比如，无节制地刷短视频、过度关注“热搜”、不停浏览娱乐信息等[①]。部分网民将网络“自由”视为无底线、无边界、无限制的“法外”空间，“恶意消遣”“涉性擦边”“炮制谣言”“网络暴力”等“按键伤人”事件频发，更有反华势力和不法分子以“网络自由”为幌子，进行意识形态渗透、本土文化侵蚀、民族认同瓦解，严重污染网络环境，败坏社会风气。特别是在基于客体兴趣的智能推荐算法作用下，大量观点趋同的网络信息涌入客体视野，这种单一来源且高黏度信息交互的关系，甚至形成了观点垄断、价值惯性或思想钢印，使教育客体自认为在网络空间享有完全平等自由的信息选择权，具备了对抗主流价值“精神控制”的法

① 王品芝，丁香雪钰．越刷越心累 86.1% 受访者会漫无目的的刷手机［N］．中国青年报，2023-07-14（3）．

宝，而没有察觉自身已经陷入“营销洗脑”的怪圈之中。这种情况促使教育客体解构和消解了教育主体的权威形象和中心地位，通过“自缚”信息茧房拒止教育信息介入。对教育主体而言，开展网络思想政治教育工作的难度和要求被进一步提高，网络信息的庞杂性、思想的多元性在价值观念圈层固化的影响下，使力量相对分散的教育主体趋向生产符合大众意见的教育产品，但信息送达不代表价值传导，信息阅览不代表价值认同，信息转发不代表价值扩散，在部分圈层顽固的客体眼中，呈现出碎片化、强制性、迂腐性等主观感受，使教育信息难以发挥足够的道理说服、价值引导和情感感化作用。至此，网络信息生态带来的自由选择权，促使教育主客体被圈层隔离，甚至在部分客体内心形成圈层对立，而部分教育主体更倾向于关注社会主流思潮和热点事件，相对忽略了对受众少、难度大、见效微的教育工作的持续用心用力，最终导致教育主客体主观模糊了对双方关系的身份互认。

主客体互动之“变”：流量逻辑倒逼主客体“进场”竞争。汇聚更多网民的综合性信息平台，如微信公众号、B 站、抖音等，宏观上相互成为网络总流量的竞争方，需要利用网络流量实现经济效益；中观上作为平台流量分配的主导方，需要在符合网络安全治理要求下，平衡包括官方和非官方各类账号的网络流量；微观上作为辅助各类账号赢得网民关注的服务方，在提高个性化推荐技术准确性的同时，也要依靠流量趋势干预信息分发，如扶持部分新账号、控制部分老账号，以尽快打造稳定私域流量池。部分教育主体仍寄希望于发布的教育信息理应被客体自愿学习、自觉传播、自发认同，而不愿“下场”参与流量追逐、观点批驳、客体“拉拢”等动态竞争，将逐渐失去信息互动优先权。网络流量走向的不确定性带来的观点流变，致使教育主体一且对热点敏感话题追踪慢半拍、对客体思想疑惑回应空半拍、对灰色舆论倾向反制弱半拍、对低俗恶俗信息管控虚半拍，都将直接导致“非主流”垒叠式、迭代式侵蚀思想，促使教育引导成本成倍增加。而部分教育主体过分迎合客体，以致流量逻辑优先于教育逻辑，发生诸如不甄别、不验证、不去伪就转发热度新闻等事件，更直接削弱了教育主体的权威形象。与此同时，教育客体在接受网络流量冲刷时，主流文化的询唤功能逐渐势弱，转而被“蹭热点”“营销引流”等流量逻辑吸引和裹挟，被动进入高曝光度、高聚集度信息圈，甚至沦为流量竞争和造势的棋子。这致使教育主体与客体之间的互动交流几乎完全脱离稳定教育关系的约束，被置于流量大潮中动态“匹配”和“解配”，双方看似在同一阵地完成了信息交换，实则是在“阵地”“穿越”中“擦身而过”。对教育主体而言，如何让客体感到“一瞥便是惊鸿”，在“蓦然回首”时又心有感悟，是强化流量逻辑下主客体互动的关键所在。

主客体转化之“变”：传播平权拓展主客体深度交互。当网络成为社会信息传播主流阵地之后，人们生产、共享信息的意愿和能力空前高涨，网络教育主体不再独享信息权威地位，而是倾向于在网络上开展学情调研、搜集教育资源等，以及在完成教育任务和自我教育实践中实现向教育客体的转化。网络信息话语平权致使话语再次集权于网络“新贵”，如网络意见领袖、权威信息平台等，传统教育客体则转变为领域内信息主导者，在信息交互中反向对传统教育主体产生直接正面或间接侧面的教育影响，实现主体与客体的身份转化。网络教育客体也更加具有表达个体观点的欲望和机会，他们往往将个人在教育活动中的所感所思和疑惑发布到各个信息平台，吸引各类教育参与者共同讨论，并接受他人评价。网络思想政治教育在深度强化传统主客体转化关系外，二者还呈现更加主动的转化趋势。虚拟教育主体（如微信公众号等）的实际控制者（幕后教育工作者），以“教育客体”身份参与教育活动，摆脱传统教育主体开展调查研究时难以掩蔽的“官方”形象，在向其他客体提问的过程中，更加自然真实地了解和把握相关客体，在平等交流中对教育信息进行“草根式”“定制式”解读、补充和完善，促进教育引导功能实现。教育客体向主体主动转化的动力之一，源自传播平权带来的主流权威“消解”趋势，使客体在信息获取过程中形成个体观点，并具有主动向外扩散传播的社交需求。主客体“深度”交互并不代表不再区分教育主体和客体，而是摆脱教育身份的约束，强调教育行动的调整，采取宏观的、社会的、实践的视角，而非微观的、特定的、静止的视角，来认识和把握主客体相互转化的复杂关系，契合了当前网络思想政治教育的现状和趋势。这要求教育主体主动深入客体，以客体视角开展调查研究，积极契合客体“求知”“求真”需求，“主动创造条件，启发和引导客体积极参与教育互动和开展自我教育”[①]，更多提供具有理论性、价值性的教育信息，公开批驳、修正网络不当言论，推动教育客体主动转化为教育主体，避免“误入歧途”。

二、网络思想政治教育主客体关系之“不变”

实际工作中，网络思想政治教育几乎全都由行政机构开展管理和组织运行，包括思想政治理论课的网络化适配以及日常思想政治教育的网络化转型。此外，网络正能量自媒体中，一部分以记录生活、评

---

① 骆郁廷. 论网络思想政治教育的主体与客体［J］. 马克思主义与现实，2016（2）：6.

论热点、展示个性等活动为主参与网络发声，呈现娱乐性、留念性和随意性特征，是网络思想政治教育环境的重要组成部分；另一部分致力于通过网络弘扬中华优秀传统文化、记录乡村振兴好人好事、呼吁社会正能量、展现积极向上的人生状态等，不仅仅满足于单纯地表达个人思想观念，而是自发自觉地承担教育引导责任，可以被认为是网络思想政治教育主体的重要组成部分。由此可见，网络思想政治教育主体与客体关系的实质内核并没有改变，而交互关系发生了较大变化。

教育本质属性“不变”：网络去中心化不能教育“去政治化”。网络空间允许多元价值信息资讯广播扩散，各个年龄阶段、社会阶层、价值观念和多元文化产品都能够匹配恰当的信息发布平台、载体、时间和传播渠道。在这一开放性条件下，更多人期望通过网络得到关注和流量，开放包容且去中心化趋势明显的网络信息传输，并没有促使网络思想政治教育放弃在网络空间延伸教育价值的本质定位。虽然主体间性论和他者性论更倾向通过网络教育实现人的自由全面发展，但实际上，各网络思想政治教育主体仍然坚持在网络空间宣传和教授带有明显政治属性和民族底色的科学理论和价值观念，意在巩固马克思主义意识形态指导地位，高度重视人的全面自由发展已内嵌于网络思想政治教育的本质属性之中。由此，学者们高度关注在去中心化的网络场域，网络思想政治教育灌输是否存在、是否有效、是否需要坚持。从既有学术成果看，绝大多数主体间性论和他者性论主张在网络场域放弃教育灌输思维和方法，这一观点存在对教育灌输的含义曲解或指向不明。客观上讲，网络思想政治教育实施主体不再享有线下课堂教育、真实场景教育的约束力和控制力，面对擅长网络化生活的教育客体也不再占有信息优势，但这不代表理论灌输、价值灌输必然被污名化为“填鸭”和“强制”。无论是浸润隐灌还是精准滴灌，教育主体始终坚持一贯的政治立场，根据教育客体及环境差异，灵活选取教育内容、方法和载体，确保教育初衷是立德树人而不是教条规约，教育结果是育人育才而不是思想统治。

主体主导地位“不变”：网络虚拟化不能教育“虚无化”。网络空间中，所有组织与个人都以由现实身份衍生而来的虚拟身份存在，其中教育主体大多具有鲜明的教育标签，如“共青团中央”公众号等，客体则包括了参与教育活动的全部组织和个体。网络虚拟化和符号化致使教育主体权威势弱，更多表现为“专业”“严谨”“可信度高”等，而缺少了教育“规定性”意味。教育主体也更倾向主动与网友“打成一片”，以建立情感认同和身份信任。主体间性论普遍认为教育主客体享有完全平等的网络地位和教育关系，忽视了教育主体与教育客体在信息知情权、发布权、传播权、管理权等方面存在的现实差异。微观上，部分教育客体在某专业领域内存在信息优势，拉平了与教育主体的教育关系。但宏观上，教育主体拥有更加权威的现实信息源，针对网络信息客观存在的认知壁垒和圈层壁垒，也更具有破圈意愿和能力。特别是借助特征多元的粉丝群体和权威传播途径，较普通自媒体热度累积和营销炒作等传播方式，具有明显优势。在当前网络意识形态安全建设和网络舆情综合治理背景下，拥有流量优势的自媒体正积极向主流价值导向靠拢，整体促成网络大流量转变为正能量。因此，网络思想政治教育主体在虚拟化网络信息传播和教育引导活动中，仍然占据主导地位。

客体主体地位“不变”：网络个性化不能教育“无序化”。相较现实空间，网络思想政治教育主体权力扁平化和客体权利平等化趋势，促使教育客体的主体认知不断强化，凸显为网络个性化。但教育客体的主体性强化更多表现为哲学论域下的主体性觉醒和延伸，具有高度自我意见确证特征。而网络思想政治教育意图推动的教育客体的教育主体性强化或者教育客体的教育主体性转化，则更多表现出较强的交互回避和圈层固化特征，实际上是教育客体主动放弃自身的教育主体性。从教育实践中分析，教育客体在网络教育活动中几乎享有完全的自由选择权，可以选择“下线”“关闭”“划过”等操作，直接略过教育信息，参与网络思想政治理论授课时，教育主体监督缺场导致教育责任环断裂，教育客体虚假在场、刷课等行为难以解决，过多地监督管理手段又违背网络教育属性特征。此外，当教育客体与教育内容发生观点冲突时，往往不愿直接提出疑问并与教育主体进行讨论辨析，而更加愿意回归个人信赖的意见圈层寻找观点附和，导致进一步强化认知偏差。因此，教育客体的主体认知仍需要教育主体主动干预，引导教育客体提高自我教育的思想认识、行为规范和方法手段，使教育客体立足主体地位，有目的、有计划、有章法地进行自我学习、自我修养和自我反思，在理论学习、真理辨析中认识自我、选择自我、调控自我，实现个性与共性相统一。

三、在“变”与“不变”的守正创新中实现主客体关系新形态

网络思想政治教育主客体关系在哲学追问和实践归纳中逐步形成科学清晰的合理界定，蕴含着网络思想政治教育的发展历程、本质特征与未来指向，决定了从“变”与“不变”的辩证智慧来透视和剖析理论逻辑对具体实践的指导意义，以及具体实践对理论创新的能动反作用，对网络思想政治教育主体明确工作职责，提升网络教育引导的

生产力、执行力和创造力具有重要的现实意义。对教育客体而言，在网络生活中虽然难以直观感受教育主客体关系的理论嬗变，但对具体教育立场、行为等反馈较为敏感，直接决定了教育客体面对纷繁网络信息中具有鲜明阶级底色教育资源时的情感接受度、观点接纳度和认知理解度。

把握网络思想政治教育主客体共生关系。从理论辨析和实践探索观察，网络思想政治教育主客体间基于群众路线建立起对立统一的共生关系，由坚守教育政治性的教育主体在能动的主导性活动中，站在客体立场设计教育，以客体为中心实施教育，并主动接受客体监督评价。一是教育主体政治性与教育客体发展性共生。网络思想政治教育始终坚守立德树人、铸魂育人的根本任务，积极发展培养共产党人和马克思主义者所认同坚持的科学理论、理想信念和价值信仰，明确“培养什么人、怎样培养人、为谁培养人”的根本问题。教育者作为共生关系的主体，既是教育引导政治性和阶级性的擎旗人，又是受教育者的代言人，坚持“一切为了群众”，对受教育者的个体发展负责，在科学理论指导下将教育实践活动与广大网民成长成才、实现个人自由全面发展紧密结合，实现网络思想政治教育合目的性与合规律性相统一。受教育者作为共生关系的客体，既是教育的接受者，主动或被动接受主体教育引导，同时也是自我发展的决定者，根据学历教育程度、理论学习进度、思想认识深度和行为实践力度等，自由选择教育内容和教育方式，自主表达个体观点看法，能动地反作用于教育主体，并结合学习感悟和发展需求，自发向主体价值观念靠拢转化。二是教育主体能动性与教育客体受动性共生。在网络思想政治教育实践中，教育身份（主体与客体）统一于教育参与者，表现出能动性与受动性的对立统一。教育参与者作为教育客体接受信息时，始终受到自然条件和社会历史条件的限制，当作为教育主体主动对内对外开展理论灌输、价值观培塑和道德品行渗透等工作时，通过能动的教育实践反作用于现实环境和教育活动，在多方思想对抗博弈中形成趋向统一又各具个性的价值观。因此，教育主体要坚持“一切依靠群众”，尊重客体的首创精神，观察客体建立独树网络意见圈层的规律和方法，能动地指导网络思想政治教育活动。高度重视教育客体的受动性，全方位、全过程、深层次地开展网络治理，清除妨害主流价值观传播的不利因素，净化网络教育环境。在一切教育实践活动中，积极引导和发动教育客体在网络化、社会化实践中实现自我教育价值复归，使教育客体学习与体悟相辅相成。三是教育主体主导性与教育客体主体性共生。教育主体始终是网络思想政治教育的主导方，是教育活动的制定者、组织者和执行者，但不是高高在上的独裁者和强制者。坚持“从群众中来”，要求教育主体首先深入客体中受教育，注重从人民的创造性实践中提炼“接地气、聚民智、顺民意、得民心”的理论成果，充分认识教育客体在现实生活和网络空间对社会的要求、对自我的期望、对生活的期许、对利益的诉求等全面系统的经历和认识，凝结成富有生机活力的教育素材。坚持“到群众中去”，要求教育主体立足教育客体的主体地位，适配教育环境、设计教育内容、选择教育方法、创设教育情景，着力将与教育客体直接发生教育关系的中介因素转化为客体愿意接受、乐于接受、善于接受的教育因素，将教育引导内化为思想自觉，外化为践行社会主义核心价值观的行为自觉，从认识到实践形成教育主体与客体的共生共在形态。

创制网络思想政治教育主客体交互模式。无论是教育主体还是教育客体，在网络空间中的一言一行都将留下难以磨灭的痕迹和记忆，因此，教育主体要深化主体责任意识和主体培养意识，既要约束主体教育行为，又要通过自身教育创新提高教育客体作为自身社会化属性第一责任人的主体性认识和实践。一是构建清朗向上的互动情境。互动情境是主客体在网络空间完成信息交换的虚拟场景，从互动关系上包括教育客体浏览教育内容获取教育信息，教育主客体发布作品、发表弹幕评论、发送私信、转发拉踩等行为。随着官方教育主体开通媒体账号亮明权威式标签，以及自媒体教育主体逐渐形成品牌式标签，教育主客体围绕融媒体平台发布的各类信息，共同构成网络思想政治教育生态系统，打破时间顺序和空间秩序束缚，形成全网共时性信息互动情境。因此，教育主体要深入学习贯彻习近平总书记关于网络强国的重要思想，打造抓人眼球、说理精辟、内成体系的理论教育内容，描绘真实鲜活、细节生动、客观真实的典型模范榜样，创制及时宣发、持续跟进、深度解读的权威话语体系，成为网络正能量抢占网络大流量的主力军。要严格落实信息发布审核机制，坚持教育产品和互动信息先审核后发布，针对不法行为建立自动取证、及时整治、跟进问责机制，同时广开安全可控的反馈渠道，鼓励教育客体评价、排名和建言献策，并持续抓好答疑解惑和跟踪访谈，成为管得住更用得好网络媒体平台的先行者。二是创新科技赋能的互动方式。网络空间信息互动方式在追求个体情感能量和资本符号交换效果最大化的圈层逻辑下，促使具有相同兴趣爱好和价值观念的教育主客体形成稳定社群，看似能够被点击、浏览等低成本手段突破，实则在圈层流量固化中建立了隔阂“局外人”的无形边界，例如，广受青少年网民青睐的B站在“注册会员需要提供正式会员赠送的邀请码，或者在60分钟之内完成100

道以 ACG 文化知识为主的问题考试”[①]。因此，教育主体要积极拥抱大数据、人工智能、区块链、AR/VR 等新兴信息技术，发挥网络资源集成和信息传播优势，开展数据驱动的自动化教育摸排、精准化教育投送、智能化教育评估、个性化教育调整，提高教育客体对教育活动的参与度和满意度。主动破除数据壁垒，谋求建立跨平台、全网际的信息获取、分析和响应能力，对网络舆情事件做到第一时间发声、曝光和评判。探索建立主流价值信息的优先权和通达权，为信息制作方、发布方和传播方提供认证服务和激励政策，确保教育信息持续、稳定、高效送达教育客体。三是追求扩圈聚粉的互动结果。网络思想政治教育不仅追求既有社群内部情感能量和价值观念的持续强化，更希望能够与更多网民建立信息互动关系，在情感互动和价值观碰撞中实现圈层扩列。但教育客体参与教育活动的意愿和行为无法被直接规定和约束，需要教育主体主动吸引客体浏览教育内容、关注媒体账号、参与信息互动。因此，教育主体要敏锐洞悉网络流量走向趋势，适时创作符合不同圈层兴趣点、共鸣点的教育内容和教育形式。例如，曾有多家官方媒体账号为宣传视频配以“魔性”背景音乐，在全网形成现象级、矩阵式传播局面，收获大批“粉丝”。此外，聚集稳定教育客体的关键更在于做好垂直教育服务，理论传播要理直气壮讲好大道理，入情入理讲深小道理，旗帜鲜明批驳歪道理，使客体学习欲望随时能满足、学习疑问随时能消除、学习任务随时能完成。文化宣传要坚持“内容为王”“用户至上”，加强多主体间互动“引流”，保证持续打造“爆款”“吸粉”，将信息传播高度、广度和深度结合起来。要主动挖掘教

① 樊传果，邓思思. 互动仪式链视角下 bilibili 网站的互动模式探究［J］. 传媒观察，2022，460（4）：83.

育主客体情感和价值认同的IP符号，深度维系教育圈层的集体感、身份感。

探索网络思想政治教育主客体转化机制。教育实践是网络思想政治教育主客体相互联系、相互转化的基础，在一定程度上，主体向客体的转化程度，决定了客体向主体转化的深度。最终在教育实践中，表现为教育客体开展自我教育和教育辐射的意愿和能力，是教育主体以主体客体化为基础推动教育活动，教育客体在自主选择网络信息中不断主体化的过程。一是建立情感信任，形成转化意识。建立主客体间情感信任是教育主体在占据信息传播主动权基础上，破解客体信息茧房、价值惯性等限制的重要因素，也是促使教育客体形成向教育主体转化意识的关键所在。教育主体想要转化到客体的私域圈层中，应注重虚拟形象的人格化塑造，保持好主客体间共在性关系，对存有价值偏见的教育客体，要尊重其个性化观念，引导其他教育参与者以平等视角开展观点讨论和价值传导，实现内心情感交流和虚拟人格感化，使教育客体在与以教育主体为核心、其他教育客体参与的教育互动中，感受到“情”满、“理”通。教育主体要重点强化教育互动深度，对需要持续关注的教育客体开展多轮次、深层次、高频率的教育互动，与网络交往追求扁平化、流量化趋势协调配合，促使“新客”变“老客”、“生客”变“熟客”，最终成为“忠诚粉丝”。教育主体要灵活运用“以老带新”“意见领袖”等“引流”营销和观点“克隆”方式，通过教育客体信任的第三方与其间接建立情感联系，在持续互动和意见强化中逐渐加深信任情感。二是定制理论话语，形成转化认知。在网络空间开展思想政治教育，要求说理要彻底，教育主体要转化到客体的观点立场中，根据客体需求定制深刻透彻、简短精练、情真意切、形象生动等不同特征的理论话语，使客体形成向教育主体转化的理性认知。教育主体要主动由“告知”客体“是什么、为什么、怎么做”，转变为在教育客体视角和立场上回答“为何学、有何用、如何学”，准确抓住教育客体的根本需求和特点，策划针对性的教育内容和使用合理的教育形式。特别是广泛宣传党的创新理论，要在三言两语中点透本质、只言片语中形成逻辑，排除大话、空话、套话，让教育说理初始映入客体眼帘并引起共鸣，使用网言网语、民言民语，用简单通俗、形象直观的表达，传递认识真理和实践智慧。要灵活运用沉浸式、渲染式的故事描述技巧，把真道理揉入大众身边发生的真实故事中，形成直接记忆、直观感受。要坚持互动对话的交流模式，在对等交互中消减客体思想防备，使其不但听得明白而且能听得进去。要坚持把理论说理与客体实践结合起来，在“实践—认识—再实践—再认识”的循环往复中让科学理论深入人心，并转变为教育客体的自觉行动。三是内生思维理念，形成转化动力。教育客体的思维理念是进行客体主体化转化的内在价值认同，是与教育主体间实现情感信任和理论话语转化的内在思维图景，更是推动自我教育转化的内在驱动力。教育客体的转化行为本质上由个体独立主导，在这一过程中，教育主体要转化到客体的利益抉择中，有意识地引导客体破解泛娱乐化等各类网络喧嚣带来的困境，通过话题预设、问题反问、现实批判、任务发布、社交排名等方式，在网络媒体传播、网络课堂教育、网络教育实践等活动中，推动教育客体完成教育转化、开展自我教育、传播教育感受，持续积蓄从泛在网络教育活动客体转向自我教育主客一体，再进一步实现泛在网络教育活动主体的内心能量和能力素质。教育主体只有正视客体因享有更多信息权利而产生的心理优势，根据教育材料提供者、教育转化见证者的身份定位，才能让教育客体在情感信任和理论认同基础上，愿意突破当下网络行为带来的情感满足等价值感受，实现向教育主体转变。四是提供实践路径，形成转化闭环。教育客体兴趣关注和理念认同不是教育转化的终点，教育主体要认识到在海量信息冲刷下，教育客体产生的好奇、疑惑等心理，是推送相关教育资源的最好时机，但很容易被后续紧跟的娱乐信息所淹没，使客体迅速遗忘并放弃对当前信息的追问。因此，教育主体要转化到客体的信息处境中，为客体设计开发完成转化实践的外在便利途径。要充分利用网络爆款信息流量优势，针对教育客体个体兴趣和画像特点，在网络界面醒目位置定制深挖思想共鸣、回答思想疑惑等方面的教育资源链接，引导客体从兴趣燃点自发转向教育痛点。随着网络教育课程、网络宣传信息等的评论区成为网民发表观点、提出见解、制造话题、煽动情绪等的重要平台，初具观点的教育客体容易在评论区受到其他客体的直接影响，因此教育主体要分别以主体和客体身份，主动参与数据采集、舆论引导和信息管理，为主流观点、流量爆点添柴聚火，据理驳斥和删除负面信息，促使评论区内容更加优质、互动更加开放，成为教育客体积极交流、思想碰撞、共同进步的良性空间。

（原文载《思想教育研究》2023年第11期，栾纪文，龙方成，吴穹）

融媒体视域下思想政治教育创新

融媒体是通过流程优化、平台再造，实现各种媒介资源、生产要素有效整合，实现信息内容、技术应用、平台终端、管理手段共融互通的媒体新形态，具有全媒介融通、一体化融汇、强互动融情、新技术融智等特点，同时也带来了多元多样的社会思想意识。如何发挥好融媒体作用，推动思想政治教育创新发展，值得深入研究。

一、融媒体视域下思想政治教育创新发展的难得机遇

融媒体促使思想政治教育理念升级。融媒体制造传播的思想文化公共资源，逐步成为巩固意识形态和主流价值导向的重要力量，与传统思想政治教育相辅相成，形成处处是课堂、时时受教育的社会化教育理念。融媒体实现了媒体资源和用户的精确匹配、无缝对接，为思想政治教育洞察内心世界提供了科学客观的数据依据，形成了数据驱动教育个性化、精准化的大数据理念。融媒体在市场化竞争中逐步回归“内容为王”，能极大提升思想政治教育内容的思想性、政治性和理论性，形成“内容为王”理念。

融媒体有助于增强思想政治教育活力。融媒体记录着日新月异的国际形势、社会发展和时代变迁，承载着社会思想和舆论导向，成为思想政治教育把握时代脉搏，掌握思想动态的重要法宝，提高了教育的时代性。融媒体创新发展了图文、视频、动画、H5、短视频、直播

等媒体传播新形式，开拓定制化、全网化、系列化、个性化发展新趋势，为思想政治教育提供了多维度、高品质的教育资源和教育途径，提高了教育的创新性。融媒体社交互动特性，拉近了教育者与被教育者的距离，促使传统教育的单向灌输向双向交流转变，既提升了理论宣贯的吸引力和亲和力，又激发了个体接受教育的积极性和主动性。

融媒体有助于提升个体自我教育效果。融媒体提供了自主可选的多元信息和学习资源，与思想活跃、敢于质疑的时代化个性特点相适应，激活个体根据兴趣偏好和思想疑惑开展自我教育的主动性。丰富的主流新闻媒体、正能量媒体、网络授课视频、教育实践活动等融媒体资源，提供了叙事风格、话语侧重、视野角度各异的自我教育新形式。通过评论、留言、弹幕等参与观点讨论和辨析，自发转发、收藏、分享等行为，可以促进教育资源裂变传播，实现教育效果网系辐射，形成自我教育新氛围。

二、融媒体视域下思想政治教育创新发展的现实挑战

教育者融媒体素养有待提升。当前，教育者资源获取能力不够，教育素材仍然以文本为主，对网络资源底数不清、情况不明、掌握不力，欠缺搜索技巧、鉴别能力和素材积累。资源分析能力比较欠缺，对融媒体资源存在标签化认识、形式化认知、浅表化认同的问题，缺乏针对性分析素材资源理论逻辑、观点内核和实践价值的基本能力。资源利用能力亟待加强，利用剪辑视频作为课堂教育补充的做法较为普遍，在内容选择、课堂设计和讨论引导等方面下功夫不足，欠缺利用媒体资源开展思想引导、理论阐释和问题剖析的方法手段。

海量信息应对能力有待强化。融媒体信息良莠不齐、纷繁冗杂，

会对人的思想和心理产生极不确定的影响。敌对势力始终不遗余力地在意识形态领域炒概念、玩双标、带节奏，企图挑拨我国党群、干群和军民关系，带来现实思想冲击。鸡汤文以耸动的叙事文风炮制情感营销，刻意迎合认知偏见，甚至贩卖焦虑情绪，使人们受骗。短视频耗费时间、精力，甚至导致反智作用，对人的身心产生负面影响。暴力、色情、犯罪等内容可能导致人们陷入网络赌博、浏览不健康信息、产生超能力消费、网上乱交友等问题，对道德情操培育带来挑战。

媒体融合建设有待加强。融媒体阵地建设相对薄弱，特别是基层宣传力量有限，从业者往往身兼数职，既要负责新闻采编又要负责制作、分发和多平台发布，制约了媒体融合发展。融媒体技术能力相对较弱，偏重与外部进行技术合作，媒体融合思维更新不及时，制约了媒体循环发展。融媒体爆款产品相对较少，新创意、新形态产品数量不多，需要进一步挖潜增效，在内容上触动人们形成共鸣，在形式上俘获观众提升体验感，增强产品的吸引力和感召力。

三、融媒体时代思想政治教育创新发展的实现途径

兴建教育融媒体矩阵，提升思想政治教育主动性。树立大思政理念，推动和指导融媒体信息传播优势融入思想政治教育中，形成课堂潜心学、课外浸润学、网上自觉学的新格局。建强融媒体，推动硬件设施和人才队伍建设，建立下沉基层的线索挖掘、案例分享和能力培训网络体系，立体提升融媒体团队的政治素养、媒介素养和技术素养。试点建立思想政治教育融媒体中心，统合思想政治教育和融媒体建设工作，搭建课堂多媒体、网络广播站、电子宣传栏、互联网平台等一体化宣传教育体系，形成“灌输 + 引领 + 服务”的教育矩阵。

巧借大数据优势，提升思想政治教育针对性。大数据是促进融媒体教育效果释放的重要动力，应当借鉴传媒行业经验，依托院校灵活高效的管理体制和成熟可靠的技术优势，建立融媒体教育试点实验室，边研究边宣传边调试。稳妥有据地采集数据，在《中华人民共和国数据安全法》《中华人民共和国个人信息保护法》框架内，研究制定隐私保护和数据利用专项政策法规，利用“差分隐私”“联邦学习”等技术将分散的公开数据汇聚成体系性保密数据集合。与舆情监管平台建立数据共享机制，全时段、全方位抓取媒体资源数据，为教育实践提供数据支撑。

善用社会融媒体资源，提升思想政治教育实效性。要打通社会融媒体资源与思想政治教育的融合途径，通过建立资源共享平台，从海量时事资讯和媒体内容中智能分析、自主识别具有较高新闻价值和教育意义的事件和作品，结合教育计划安排，量身定做教育产品，既为教育者充电补钙，又丰富传统教育形式。通过定期组织融媒体账号推荐、分享与辨析，重点介绍媒体产品的特色，分享个人关注列表、感想收获，解析不良账号的营销逻辑和思想毒害，引导人们辨良莠、明是非。

（原文载《步兵学术》2022年第4期，栾纪文，李寿其，孙建涛，部分内容有删改）

以数据驱动优化网络思想政治教育

网络思想政治教育优化就是随着时代发展、技术更迭做到因时而进、因事而化、因势而新。当前，数据驱动为实现优化提供了全新视角和崭新途径，应紧扣整体性思维、动态性思维、开放性思维，实现网络思想政治教育守正创新。

一、以整体性思维优化教育主体

着眼多主体并存形成整体力量。一是实现传统教育主体多身份变换。网络多中心结构特点使传统客体具备了信息诠释功能，传统主体具备了信息接受功能，二者在信息平等基础上实现了多主体并存互动新局面。二是实现网络空间主体多样态并存。网络空间中凡是主动履行教育职能的就是主体。因此，党政官媒、新闻机构等组织以及部分自媒体，可以被认定为主体，不含没有固定价值导向的个人。三是实现网络教育主体多职能合作。主体职能可划分为管理、实施、接受和支持。数据可实现多职能主体对客体的整体把握和预测预警，促成官方主导、社会参与、个体跟进的协同共育局面。

着眼多向度互动形成整体联动。一是实现多样态主体横向互动。多主体存在特色表达方式和观点立场，横向信息互动有利于明确整体统一目标，实现多元数据一次采集、多模存储、多方共享，确保教育活动的方向性和引领性。二是实现多职能主体纵向互动。管理主体需要利用数据进行综合治理。实施主体可以借助技术发挥更强引导力，但易被异化裹挟。接受主体可以与其他主体双向成全，但易被利用。技术主体促成了多主体无碍互动和黏性增强。这种纵向互动关系需要以整体发展为目标不断探索和协调优化。三是实现多中心主体网系互动。主客体划分标准由“身份”转向“行动”，促使主体间形成“多中心”“系统性”网系结构，需要正确认识和理解其全部特征，提高全局评估和管理水平。

着眼多维度影响形成整体优势。即从整体把握多主体间彼此影响、良性竞争的发展态势，不断引领促进可持续性发展。一是理论教育维度。在网络空间中，理论教育是铸魂育人、立德树人的关键环节，既要坚持用科学理论指导实践，又要在网络空间引导人们加强对新时代党的创新理论的深刻认识和价值认同。二是话语权构建维度。多主体从整体上掌握话语主动权，要明确党政官媒的话语权威，始终保持方向性、正确性和引领性，其他主体则要自觉配合行动，坚决拥护权威、巩固权威和维护权威。三是技术创新维度。网络思想政治教育一定程度上依赖全媒体传播效力和算法技术，必须从整体出发，全面把控前沿技术创新、应用的实际进程和效果，助力全面创新发展。四是制度规划维度。各主体受到的制度管理各不相同却又殊途同归，既互相区别又紧密联系，必须认清整体价值定位，共同为制定和完善教育道德规范和制度机制做出努力和贡献。

二、以动态性思维优化教育评价

评价时机从阶段性转向过程性。当前网络思想政治教育评价存在“算总账”现象，需要利用数据进行全流程动态评价。一是网络学习情况的过程性评价。针对网络教育课程学习，以出勤率、课中问题回答等考察学习态度，以学习时长、课后表现等检验学习效果，实现数据化教学秩序管理、氛围引导和成效评估。二是客观实践情况的过程性评价。重点考察客体网络浏览、发表评论、参加实践的情况，以及日常表现和情绪、情感等内在属性，这是对思想认识、道德情感、政治态度、价值取向等的全面量化考察。三是自主学习情况的过程性评价。首先，采集客体对不同信息的阅览频率、参与讨论等情况，评判其价值鉴别力。其次，采集客体对不同信息的完成率、复看率等数据，评判其自我约束力。

评价指标从单一性转向多维性。当前主要利用显性数据对教育内容和平台进行量化考评，缺乏对数据隐性价值的挖掘利用。一是评价数据多维。相对于点赞数、转发量，或者入党申请率、理论考试成绩等显性数据，眼动轨迹等隐性数据更具动态特征，能够客观真实地反映客体主观感受和不同教育活动的效果差异。二是评价模块多维。各评价模块之间应具备全覆盖、弱相关、可迭代等特性。主体评价模块主要评价多主体职能；推广评价模块主要评价教育活动成效；环境评价模块主要评价环境优劣情况。三是评价感知多维。利用理性数据实现对目标思想的多维感知，探索建立价值认同感、心理归属感、情感共鸣感等多维评价指标体系，同时要严谨地界定感知边界，注意保护个人隐私和人性尊严。

评价方式从经验性转向客观性。传统教育评价倾向于采集客体自评数据，不够客观有效，需要借助数据提高动态性和客观性。一是数据源自客观行为痕迹。利用传感器和算法采集的动态数据源自网络行为痕迹，避免了被采集者刻意规避的缺陷，能够反映其真实的思想状态。另外，海量数据能够消弭少数不真实数据的影响。二是结果源自客观评价方法。依据数据思维构建的用户画像，结果往往既客观真实，又超过常识认知，结合“德尔菲”专家经验模型与有监督机器学习算法，能够构建较为客观公正的评价模型。

三、以开放性思维优化教育方法

实现信息呈现方式可视化。可视化方法对人类视觉认知的高契合属性，促使其突破文本化教学方式，成为主要的教学手段。一是提高教育客体知识认知能力。教育内容的可视化展示，无须借助知识经验即可在客体头脑深处建立场景感知，形成多维图景式表征，具有转化效率高、含义理解透、联接记忆深等优点。二是提高教育主体教育教学效果。可视化技术能够促使主体将注意力转向“如何接受教育”，自觉检视教育决策、实施和评价过程。客体能够认识个人状态，激发自我学习的兴趣和动力。三是提升管理主体科学决策水平。数据态势图可提高管理主体的认知水平，数据图表可助力管理主体挖掘数据价值，监控预警机制可实现全天候数据更新和监控，保障事前预警、事中辅助和事后总结。

实现信息推送方式智能化。传统广播式的信息宣传依赖用户自觉，需要更新为个性化、精准化、启发性信息推送方式。一是个性化信息推送。“点对点”的信息传播模式促使个性化信息推送机制以教育客体为中心，根据其思想特征、性格偏好及教育环境等因素，实现“千人千面”的个性化教育适配。二是精准化信息推送。精准化是对个性化的细化补充，更加强调靶标用力和场景需求，特指集中教育力量在短时间内对特定教育客体采取高强度、高精度的教育干预引导，达到事半功倍的效果。三是启发性信息推送。对部分存在抵触情绪或持不同立场的客体实施教育，要先投送中立价值内容，并实时评估其情绪，逐步消除其逆反心理，再适时实施针对性引导教育，最终实现观念转换。

实现信息交流方式实时化。数据驱动网络“键对键”信息交流以实现交换、理解和反馈的实时化，提高教育沟通效率。一是信息交换实时化。评论、弹幕等功能促成了实时广播式信息交换模式，用户身份标签被进一步淡化，转变为单纯的观念表达，所有参与者可以互相进行无方向、无时序的实时信息交换。二是信息理解实时化。实时数据采集和智能分析技术能够对海量数据进行智能辨认、分类和理解，有助于具有数据权威和技术资源优势的教育主体突破感官极限，动态掌控教育活动全局。三是信息反馈实时化。少部分高价值信息容易被淹没在海量常规信息中，需要利用数据智能进行遍历判断、精准识别，并提出针对性处理意见，提高信息反馈的实时性、科学性和创新性。

（原文载《指挥学报》2022年第5期，栾纪文，吴穹，内容有删改）

实现高校大学生思想政治教育个性化

2020年，中共中央、国务院《关于新时代加强和改进思想政治工作的意见》中指出，“推动思想政治工作传统优势与信息技术深度融合，使互联网这个最大变量变成事业发展的最大增量”[①]。这对思想政治教育与信息化的有机融合提出了明确要求。

实践证明，大学生的思想政治教育想要取得实效，应紧盯相关领域技术发展进步的最新趋势，积极探索时代特色鲜明、作用发挥明显、贴合学生需求、彰显高校特点的方法途径。

用户画像技术是结合数据采集、数据挖掘、数据分析、数据匹配、机器学习等多种算法和结构化数据、非结构化数据、半结构化数据的综合技术，能够快速准确分析用户的行为模式。“用户画像，即用户信息标签化，通过收集用户的社会属性、消费习惯、偏好特征等各个维度的数据，进而对用户或者产品特征属性进行刻画，并对这些特征进行分析、统计，挖掘潜在价值信息，从而抽取出用户的信息全貌。”[②]用户画像技术不仅在网络电商等领域发挥了巨大作用，而且为实现思想政治教育个性化开辟了全新视角。

---

① 中共中央国务院印发《关于新时代加强和改进思想政治工作的意见》[N]. 人民日报，2021-07-13（1）.

② 赵宏田. 用户画像：方法论与工程化解决方案［M］. 北京：机械工业出版社，2020：1.

一、高校大学生思想政治教育的现实矛盾

实践证明，传统无差别的教育方式已经不能适应大学生差异化、多元化的需求，一些影响和制约教育质量效益的矛盾愈加明显，迫切要求高校思想政治教育通过个性化实现真正意义上的“因材施教”。

信息资源无限性和注意力稀缺性的矛盾。信息网络的发展和用户生产内容积极性的提升，使网上信息鱼龙混杂、无所不包，而且在数量上也呈指数级增长。随着互联网和智能手机的广泛使用，上网查找信息，依托网络接受思想政治教育成为一件习以为常的事情。现在已经不是信息“有没有”“够不够”的问题，而是“好不好”“精不精”，能不能符合自身需要的问题。面对汹涌而来的海量信息，教育对象注意力稀缺性与信息资源无限性之间的结构性矛盾或内在张力制约着教育效果的提升。只有通过个性化的信息筛选与有效分发，化解教育对象囿于时间精力所限和网络素养不足带来的接受能力差异，才能确保丰富的教育内容物尽其用。

教育主体差异性和教育期望同一性的矛盾。每名大学生的知识储备、学习能力、性格特点、来源地域均不相同，对于思想政治教育内容需求和掌握程度也不尽相同，因此同质化的教育内容在个体差异的基础上难以达到相同的效果。但贯彻落实新时代党的教育方针、培养担当民族复兴大任的时代新人在大学生成长成才上又划定了统一的标准和明确的尺度。只有通过聚焦不同基础、着眼不同特点的异质化教育内容，才能有效防止无差别灌输，通过个性化的信息推送实现“精准滴灌”和“润物无声”的渗透教育，使教育对象所接受的信息高度契合自身需求。

线下信息整体性和线上信息碎片性的矛盾。从大的类别划分，目

前高校开展思想政治教育主要有线下和线上两种模式。其中，线下主要是依托思想政治理论课教学这个主渠道和经常性思想政治教育来进行，以全国统编版教材和上级下发的各类材料作为依据，系统性、规范性、特别是整体性较强。而线上思想政治教育，以某院校为例，主要依托微信公众号、抖音、微博和易班网开展。碎片化的使用时间也不可避免地带来信息的碎片化，特别是线下和线上结合不足、各类媒体目标用户分众化现象导致圈层隔离、教育效果难以评估等问题仍然存在。只有通过个性化将线下和线上有机融合在一起，才能借此提高思想政治教育质效。

二、高校大学生思想政治教育个性化的可行性

程序等于数据结构加算法，从本质上讲，数据和算法就是信息时代两种基础的关键技术要素。由大量用户数据和一系列算法为支撑的用户画像技术已经广泛应用于电子商务、社交平台和各种自媒体软件，是一种相对成熟的技术，也为思想政治教育个性化提供了思路和借鉴。

海量的用户行为数据提供数据支撑。用户画像要以用户行为数据做支撑，数据总量越多、类型越丰富，在此基础上形成的画像就越精准、越贴近实际。现在的大学生基本是“网生一代”，对互联网有着天然的亲近感，通过长期上网用网实践，每个人都在网上积累了海量用户数据，用户画像技术的应用使得整理归类数据高效和有用资源及时共享成为可能，从而使过去无法应用的数据、难以认识其价值的数据都有了用武之地，每名学生的用户行为数据都可以得到充分发掘利用。妥善利用这些数据，能够准确反映每名学生的思想状况和学习情况发展演化脉络，最大限度确保画像的唯一性、精准性。

广泛应用的算法技术提供技术支撑。实现用户画像离不开算法。数据采集过程中，在赋予标签时需要对标签进行预处理，经过数据清洗算法、分词算法、协同过滤算法，对低频数据、无效数据、错误数据进行归正，将用户数据就转化为基于分词的特征项的几何向量；画像构建过程中，采用聚类算法实现数据挖掘，将特征值接近的用户数据划分为不同类型，便于计算机进行识别和操作；资源匹配过程中，首先采取聚类算法对教育资源进行分类，然后根据匹配算法实现教育资源与用户特征值的匹配，实现教育资源的个性化推荐；智慧服务过程中，采用机器学习的各种算法实现个性化推荐、知识性定制、智能化问答、培养路径动态拟制等服务。

高校大学生的身份特殊性提供法理支撑。《中华人民共和国民法典》第一百一十一条规定，“自然人的个人信息受法律保护。任何组织或者个人需要获取他人个人信息的，应当依法取得并确保信息安全，不得非法收集、使用、加工、传输他人个人信息，不得非法买卖、提供或者公开他人个人信息”①。因此在某种程度上，以提高思想政治教育质效为出发点的用户数据收集、使用、加工、传输是合法合理的。同时，在收集过程中要严格遵循正当必要、知情同意、最小够用、安全可控等原则，加之通过技术手段对用户数据进行加密处理，保证数据不被泄露，进一步保护大学生的数据隐私。

三、高校大学生思想政治教育个性化的模型构建

基于整个数据采集、处理、匹配和智慧化服务流程，提出大学生思想政治教育个性化服务模型。按照信息流转的阶段和功用，模型主

① 法律出版社法规中心. 法律法规全书：第十四版［M］. 北京：法律出版社，2021：162.

要分为四层：数据采集层、画像构建层、资源匹配层、智慧服务层。模型设计流程图如图1所示。

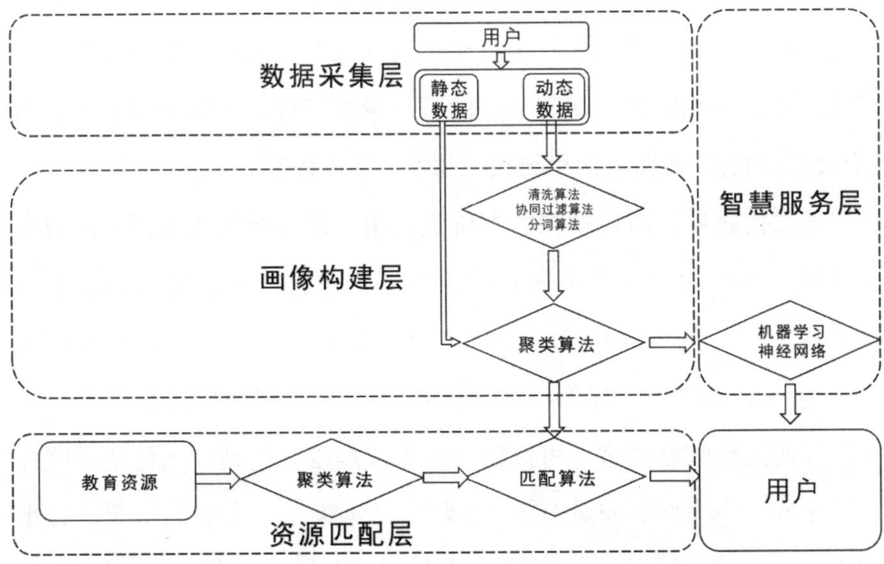

图1　基于用户画像实现高校思想政治教育个性化的模型示意图

数据采集层。大学生是个性化推荐服务的核心对象，因此对于学生相关数据的采集是个性化服务模型的基础。主要实现的方式有两种：一种是静态采集，主要通过线下或平台采集用户的人口学数据、学习数据、经历数据等。另一种是通过后台数据共享或网络爬虫技术获取学员在学校宣传教育平台或相应社交媒体的数据，然后对数据进行识别分类，最后利用加密算法对用户数据进行加密，以保证隐私安全。采集到的数据可分为结构化数据、半结构化数据和非结构化数据。结构化数据是关于学生的静态化数据，主要包括性别、年龄、年级、专业等人口数据，目前修完的课程、成绩等学习数据，在学习生活中担任的职务、参加过的大项工作、所受奖惩等经历数据，可以通过线下采集或者用户注册信息进行采集。半结构化数据和非结构化数据主要基于学生们的网络行为数据，主要包括相关社交网络关注、浏览、点赞、转发的内容以及与其他用户互动形成的行为数据。结构化数据可以直接用于形成用户标签，半结构化数据和非结构化数据通过数据挖掘技术得到学生在某一时间节点的行为偏好特征，从而分析学生目前感兴趣的内容、现阶段的思想状况和学习掌握程度。

画像构建层。用户画像的本质是对用户进行标签化处理，形成数字身份。标签化可以借助简短的语言或抽象化成数值之后的多维向量来描述用户的各项特征。举例来讲，学生每一个类型的数据都可以作为一个维度的坐标值，这样能够对基本数据和行为数据进行量化，方便进行数学处理，可以进一步为提高画像的精度，构建多级标签，比如，定义标签向量 D={‘姓名’，‘年级’，‘专业’，‘思政课平均成绩’，‘奖惩情况’，‘浏览频率最高的网站’，‘浏览频率最高视频APP’}，学生 A 对应的标签向量 DA={‘A’，‘大一’，‘计算机科学与技术’，‘78’，‘优秀学员’，‘百度’，‘抖音’}、学生 B 对应的标签向量 DB={‘B’，‘大一’，‘计算机科学与技术’，‘79’，‘优秀学员’，‘百度’，‘抖音’}。从上述这些维度出发很难对 A、B 两名学生的思想情况产生进一步了解，需要对‘浏览频率最高的网站’和‘浏览频率最高的视频 APP’进行进一步的标签化，如果发现学生 A 在百度查询的关键字类型占比最多的是前三项构成的向量 Web.DA={‘思想品德修养’，‘习近平总书记讲话’，‘计算机基础’}，抖音上浏览视频占比最多的前三项构成的向量 Video.DA={‘思想政治教育’，‘军事题材’，‘计算机基础’}，Web.DB={‘明星八卦’，‘游戏主播’，‘段子’}，Video.DB={‘游戏’，‘明星’，‘搞笑视频’}，就可以初步判断 B 学生可能存在过度娱乐化的情况，需要在思想政治教育过程中进行重点关注。我们可以确定，标签的向量维度越多，向下的标签层级越多，得到的用户画像像素越高。用户标签不是一成不变的，随着思想政治教育的开展，学生的思想状况可能发生很大的改变，对应的用户标签也会随之发生变化，因此构建用户画像的标签策略也要进行调整，从而实现用户画像的实时更新。

资源匹配层。实现教育资源的精准供给，需要供给侧和需求侧双向互动。用户层面，通过用户画像对用户的属性、行为和需求进行了向量刻画，每个用户在多维空间可以看作一个孤立的点，每一个维度的坐标值便是对应的标签度量，这样可以运用聚类算法对与多维空间位置相近的点进行归类，也就是对于用户的分类。[①] 资源层面，需要对海量的教育资源进行颗粒度细化处理，类似于用户的聚类，对教育资源同样进行聚类处理，然后对供给侧和需求侧进行匹配，推荐最适宜用户的教育资源。这种匹配不限于线上，同样适用于线下教育，获得学生的相关数据之后，可以根据现实情况调整线下教育。线上与线下的结合，为个性化服务提供了更加强有力的支撑。

智慧服务层。基于用户画像的思想政治教育个性化不能局限于个性化推荐，而更应该是一种全方位、多角度、深层次的个性化定制服务，主要通过机器学习和神经网络等人工智能算法，实现具有思维层次的服务。比如，根据学生的知识储备情况和培养方案目标，我们可以进行查缺补漏式的知识服务，此外，也可以定制学生长期的培养计划，使高校培养的人才更加契合社会建设和发展的需要。实现思想政

① 熊回香，李昕然，代沁泉．基于用户画像的数字档案馆个性化服务研究［J］．浙江档案，2021（7）：41–44．

治教育个性化之后，个性化推荐在提供精准供给的同时，也影响着学生本身的网络行为，比如，学生可能更加关注自己的上网行为是否会形成消极标签，从而进行适当调整。从这个角度讲，个性化推荐不仅是一种方法手段，本身更是一种隐性教育，实现了工具理性到价值理性的飞跃。

四、结论

基于用户画像构建高校大学生思想政治教育个性化服务模型，能够在某种程度上为增强思想政治教育的时代性和感召力，破解现实存在的矛盾问题开辟有效途径。

（原文载《海军舰艇学报》2022年第1期，黄彦龙，吴穹，内容有删改）

全媒体时代提升国际传播效能述要

党的二十大报告指出，“加强国际传播能力建设，全面提升国际传播效能，形成同我国综合国力和国际地位相匹配的国际话语权”①。作为新时代新征程对外传播的一项重大而紧迫的任务，提升传播效能是加强国际传播能力建设的聚焦点、着力点和落脚点。面对全媒体时代我国对外传播领域的新情况、新挑战、新问题，我们要深刻把握国际传播基本规律，熟练掌握国际传播话语体系，在此基础上讲好中国故事、传播好中国声音，展示真实、立体、全面的中国，努力塑造可信、可爱、可敬的中国形象，为奋力实现第二个百年奋斗目标，实现中华民族伟大复兴中国梦营造有利的外部舆论环境，为推动构建人类命运共同体做出积极贡献。

一、充分认清全媒体时代提升国际传播效能的严峻挑战

全程媒体、全息媒体、全员媒体、全效媒体这“四全”媒体精辟概括了全媒体时代媒体融合发展的新趋势，揭示了媒体融合持续向纵深推进的内在规律和客观要求。2020年11月，“推进媒体深度融合，实施全媒体传播工程”被列入《中共中央关于制定国民经济和社会发展第十四个五年规划和二〇三五年远景目标的建议》。媒体深度融合作为全

① 习近平．高举中国特色社会主义伟大旗帜 为全面建设社会主义现代化国家而团结奋斗：在中国共产党第二十次全国代表大会上的报告［M］．北京：人民出版社，2022：46.

媒体时代所要达成的目标，只有客观认识挑战、积极应对挑战，才能确保这一目标最终实现。

“西强我弱”与“东升西降”并存。作为世界第二大经济体，我国的综合国力和国际地位有目共睹，我国为维护世界和平、促进共同发展做出了重要贡献。但从整体上看，目前我国所掌握的国际话语权难以为维护良好国家形象提供有力支撑，国家形象遭遇歪曲、抹黑、“挨骂”的问题尚未得到完全解决，“‘中国威胁论’‘中国强硬论’‘中国傲慢论’‘中国掠夺论’‘中国不负责任论’‘中国搭便车论’‘中国失败论’‘中国崩溃论’‘中国全输论’等奇谈怪论不绝于耳”[①]。西方国家还利用在硬件、软件标准和协议制定等方面的霸权，进一步主导和强化对国际传播秩序的控制。特别是随着“媒介化”程度不断加深，媒体向社会、文化、生活等诸多领域全面渗透，西方国家在社交媒体平台上形成的品牌优势和积累的用户群体，也更容易产生用户规模效应并以此掌握相应的话语权利。我国网民规模全球第一，具有全球规模最大的5G网络和光纤宽带，是移动终端的世界工厂与最大出口国，互联网平台头部企业通过投资、控股、并购等资本运作方式占据全球数字市场的部分关键节点，也为扭转在国际传播领域的不利地位准备了客观条件。

国际传播格局日益多元演化。全媒体时代的媒体深度融合，深刻改变了国际传播格局，突出表现为传播主体多元分散，海量用户的内容生产及不同立场意见的表达，特别是普通互联网用户的可及性打破了机构媒体在内容生产与信息发布方面的垄断，跨国社交媒体成为众声喧哗的互动空间。传播渠道多元整合，传播技术和资源的差距一方

① 习近平．论党的宣传思想工作［M］．北京：中央文献出版社，2020：119-120.

面拉大了各国之间的信息与知识鸿沟，另一方面也推动了国内外传播的一体联动，在智能翻译软件辅助下，国内报道也有可能成为国际舆论场的争论焦点。传播内容多元聚合，移动互联网发展加速推动用户行为多样化和用户时间碎片化，在用户迁移和用户习惯变化的大背景下，假新闻和假消息因在某种程度上迎合了部分受众的心理需求和情感预期，容易错误引导舆论。传播形式多元融合，与单纯图文相比，视频、音频，特别是直播能更加直观地调动用户情绪，推动媒体表现形式变化，集中式、大众化、单向性的传播已经无法抵达足够多的用户。

"四全"媒体融合程度有待提升。全媒体时代信息传递的多样性、"去中心化"、"碎片化"和舆论传播的突发性都对媒体融合提出了新的更高的要求，以2020年中共中央办公厅、国务院办公厅印发的《关于加快推进媒体深度融合发展的指导意见》为开端，到党的二十大报告中指出，"加强全媒体传播体系建设，推动形成良好网络舆论生态"。全媒体一直在不断发展，其中全程媒体重在时时，要求媒体直播新闻采集、生产直至分发的全过程；全息媒体要在处处，要求媒体从技术层面消弭虚拟与现实之间的界限；全员媒体希望人人参与，鼓励普通大众甚至人工智能系统（ChatGPT 等）共同参与内容生产；全效媒体聚合效能，要求整合现有资源达成传输效率、传播效果和传媒效能一体化。但从目前情况看，具有全程传播时效性不强，全息传播沉浸度不足，全员传播参与度不高，全效传播一体化不够等问题，在一定程度上制约国际传播效能提升。

二、自觉遵循全媒体时代提升国际传播效能的主要原则

以5G、区块链、大数据和物联网为代表的新一代信息技术及其物

化成的信息传播基础结构正在推动全球产业链重组，以全媒体为旨归的媒体深度融合高度契合传播技术发展规律，是内容、渠道、平台、经营、管理等国际传播相关诸要素的系统整合与全维提质。只有牢牢把握政治性、融合性、联动性等主要原则，才能以国际传播效能提升牢牢占据舆论引导、思想引领、文化传承、服务人民的传播制高点，切实增强国际传播影响力、中华文化感召力、中国形象亲和力、中国话语说服力、国际舆论引导力。

着眼“政治家办报”突出政治性。政治性是第一位的要求。在推进媒体融合的过程中，要把围绕中心、服务大局作为基本职责，胸怀大局、把握大势、着眼大事，找准工作切入点和着力点，做到因事而谋、应势而动、顺势而为。要以马克思主义新闻观为指导，深入学习贯彻习近平新时代中国特色社会主义思想，特别是关于加强国际传播能力建设的重要论述，努力掌握“六个坚持”等蕴含其中的立场观点方法，始终坚持“党媒姓党”，坚持政治家办报、办台、办网，坚持正确政治方向，站稳政治立场，坚定宣传党的基本理论、基本路线、基本方略，坚定宣传党中央重大工作部署，坚定宣传党中央关于形势的重大分析判断，坚决同党中央保持高度一致，坚决维护党中央权威。

着眼“跨文化传播”突出融合性。全媒体时代，传统媒体逐渐向多形态多平台转型升级，用户更愿意接受去等级化的传播内容和传播形式，传播中华文明、讲好中国故事，最重要的是坚定文化自信，深刻把握中华优秀传播文化的精神标识和文化精髓。事实证明，舌尖上的中国、中医中药等彰显我国国家形象的文化元素在海外美誉度很高，也更容易突破横亘在不同文化之间的区隔甚至藩篱。比如，河南卫视近年来推出的《唐宫夜宴》《洛神水赋》《云窟万象》等一系列节目，就运用全媒体技术对中华传统文化标识性元素进行了重构重塑。再比如，李子柒等在海外社交媒体上发布的有关中国文化、中国生活的短视频，引发大量关注并获得广泛好评，取得了很好的传播效果。

着眼“内外宣协同”突出联动性。全媒体时代，国际传播领域的单向信息流通逐渐发展为双向甚至多边的信息互动，内宣与外宣也不再泾渭分明、截然分野、彼此隔绝，不再是单一落点、单一形态、单一平台，面对增长速度换挡期、结构调整阵痛期、前期刺激政策消化期这“三期”叠加，国内一些涉及社会民生的“难点”“热点”“痛点”等敏感问题，往往更容易在传播过程中产生“涟漪效应”，甚至在外溢和“倒灌”中诱发信息传播“失真”和“扭曲”，进而影响社会稳定及国家发展。在某种程度上，国际传播效能提升，体现为传播内容跨越国家和地区的传统物理边界，甚至突破更深层次的跨文化思维、意识的固有存在，以及由此形成的文化边界，因此要实现由“单打独斗”向“攥指成拳”转变，做到内宣外宣统筹设计、一体筹划、内外联动。

三、准确把握全媒体时代提升国际传播效能的着力重点

2021年5月31日，习近平总书记在第十九届中共中央政治局第三十次集体学习时强调，“要深刻认识新形势下加强和改进国际传播工作的重要性和必要性，下大气力加强国际传播能力建设，形成同我国综合国力和国际地位相匹配的国际话语权”。我们要针对全媒体时代舆论生态、媒体格局、传播方式的深刻变化，牢牢扭住强化平台建设、用好社交属性、创新叙事方式等聚焦用力。

强化平台建设拓展传播渠道。全媒体时代国际传播效能提升，不仅意味着传播理念变化，更对平台建设提出了相应要求，既要超越物

理意义上的“简单捆绑”，又要避免叠床架屋，真正实现从“相加”到“相融”。同时，“借船出海”不如“造船出海”，应当加快实现平台自建自有，掌握平台内容管理与传播的主动权，深化报、刊、台、网、端的深层互动，打造策、采、编、发、评一体联动的“中央厨房”和“媒体大脑”，真正汇聚各种资源。要深化人工智能在新闻采集、生产、分发、接受和反馈等全流程全环节全链条的运用，用主流价值导向驾驭算法这个底层技术逻辑。同时，新一代信息技术不断降低用户使用门槛，用户生产内容（UGC）海量增加，客观上要求平台除了维护、展示，还要承担监管责任，从而在全员参与的前提下依然能够保持良好的网络舆论生态。

用好社交属性扩大传播范围。原始形态的新闻传播，就是通过社交关系链的口耳相传完成。全媒体时代，媒体进一步集成了内容、信息、社交、服务等各种功能，特别是强化并凸显了社交属性。随着互联网使用便利化，用户信息表达与信息消费即时性日益增强，日常社交与在线活动深度互嵌。由于人人都是自媒体，所以更容易通过社交关系将自己转化为新闻传播中的一个媒介点。跨国社交媒体作为能直接与海外用户进行互动的平台，成为用户日常高频使用的互联网工具，并依托自身强大的资本和技术能力，推动国际信息传播集群化、地域化甚至个人化，演化为推动传播格局转型的关键性和结构性变量。要在脸书、推特、图享、优兔、领英、Tik Tok 等平台分类分层布局、培育圈层社群，将垂直社交类应用平台纳入主流媒体传播体系，依据不同平台特点分策分众运营，积极拓展“朋友圈”，扩大影响力。

创新叙事方式增强传播力度。平台算法、智能机器、虚拟现实等技术重构了人与物、人与信息、人与人之间的叙事方式，要求国际传播叙事体系同步进行转型升级与更新迭代。要在洞察海外用户需求的基础上转换叙事框架，用海外用户听得懂、能接受、易传播、无障碍的方式，加快构建中国话语和中国叙事体系，用中国理论阐释中国实践，用中国实践升华中国理论，打造融通中外的新概念、新范畴、新表述，更加充分、更加鲜明地展现中国故事及其背后的思想力量和精神力量。要讲好中国共产党治国理政的故事，构建人类命运共同体的故事，共建“一带一路”的故事，以及高水平科技自立自强、绿色发展、经济转型、脱贫攻坚、乡村振兴的故事等。比如，2022年北京冬奥会开幕式上，倒计时以中国传统二十四节气为时序渐次展开，受到了全球主流媒体的极大关注，成了一个典型范例，美联社在报道中介绍了立春及二十四节气，认为这体现了中国人对宇宙自然的时间性理解。

（原文载《军事记者》2023年第2期，李晓娇，吴穹，内容有删改）

高校网络思想政治教育创新优化研究评述

——基于 CNKI 数据库可视化和 CiteSpace 知识图谱分析

互联网的日益普及，给高校思想政治教育提供了全新的思路和平台。“近年来，随着各高校对思想政治教育的网络新载体的重视程度越来越高，高校网络思想政治教育体系的网络平台建设、网络教育方法、体制机制建设等方面正在逐渐建立和完善的过程中。”①借助知网数据库可视化分析功能和 CiteSpace 软件知识图谱分析功能，全面高效地对2000—2022年这23年来高校网络思想政治教育创新优化研究成果进行定量分析，有助于客观剖析国内相关领域研究现状，厘清高校网络思想政治教育创新优化研究的演进路径，提炼当下理论研究热点，为进一步展开相关研究和加强学科体系建设提供思路和方向。

一、研究数据与方法

主要使用 CNKI 数据库可视化分析功能和 Excel 表格进行计量分析，使用 CiteSpace 进行知识图谱分析。

（一）数据来源

本文使用知网数据库（CNKI），采用高级检索，检索关键词格式为“‘主题：高校网络思想政治教育（精确）’ AND ‘主题：创新 OR 优化 OR 质效提升 OR 发展（精确）’”，检索形式为“中英文扩展”。完成初

① 邢国忠．高校思想政治教育创新发展基本问题研究［M］．北京：知识产权出版社，2019：183．

步筛查后，过滤掉征文启事、机构宣传等与研究不相关的文章后，共检索到2678篇有效研究成果，其中，学术期刊共1841篇，学位论文共389篇、会议文章共27篇、报纸文章共4篇、中文图书共7册、成果类文章共2篇、未分类文章共408篇。选择Refworks格式导出论文题目、作者、摘要、关键词等信息，由于知网数据库一次性下载的数据最大值为500条，因此使用Windows操作系统cmd命令行“type *.txt”命令将多次下载的文件合并，用CiteSpace自带格式转换功能将其转化为CSSCI格式的文件，以此作为基础数据进行研究。

（二）研究方法

本文采用知网数据库自带可视化分析功能和CiteSpace 5.8R3版本知识图谱分析功能作为主要研究方法，此外，本文还使用Excel软件进行简单数据分析和图表制作。本文借助知网数据库可视化分析完成发文量年度趋势统计、主体分布统计、机构分布统计等内容；使用CiteSpace软件，分别以关键词、来源、机构作为节点类型进行聚类分析，得到共现聚类视图、共现时区视图；使用Excel表格对节点计数值、中介中心性、关键词首次出现年度等要素进行统计分析。依据上述方法对研究热点、研究趋势等进行分析，剖析深层次原因。

二、高校网络思想政治教育优化研究计量学分析结果

通过知网数据库可视化分析，使用Excel二次统计，可以针对文献发表走势、机构分布、来源分布、引用最多的文献进行分析。

（一）文献年度走势及分析

1. 文献年度走势

针对知网数据库检索结果运用Excel进行统计，得到论文数量和

核心论文数量年份分布表（如表1所示）。同时，运用知网数据库可视化分析功能，得到2000—2022年期间发表的论文数量走势折线图（如图1所示）。从表1和图1中我们可以看出，网络思想政治教育优化相关研究数量在2000年首次出现，到2022年总体呈现波折上升态势，并在2017年及以后保持在较高数量水平，其中，核心论文数量与论文数量呈正相关。值得注意的是，论文数量和核心论文数量均在2011年、2019年分别出现极值。

表1　论文数量和核心论文数量年份分布表

年份	2000	2001	2002	2003	2004	2005	2006	2007	2008	2009	2010	2011
发表论文数量	2	16	33	28	38	38	63	67	90	94	115	158
核心论文数量	0	1	5	5	5	9	10	11	12	9	7	18
核心论文占比	0.0%	6.3%	15.2%	17.9%	13.2%	23.7%	15.9%	16.4%	13.3%	9.6%	6.1%	11.4%
年份	2012	2013	2014	2015	2016	2017	2018	2019	2020	2021	2022	
发表论文数量	144	157	136	163	178	214	246	264	212	185	37	
核心论文数量	13	19	11	18	21	15	19	20	19	20	10	
核心论文占比	9.0%	12.1%	8.1%	11.0%	11.8%	7.0%	7.7%	7.6%	9.0%	10.8%	27.0%	

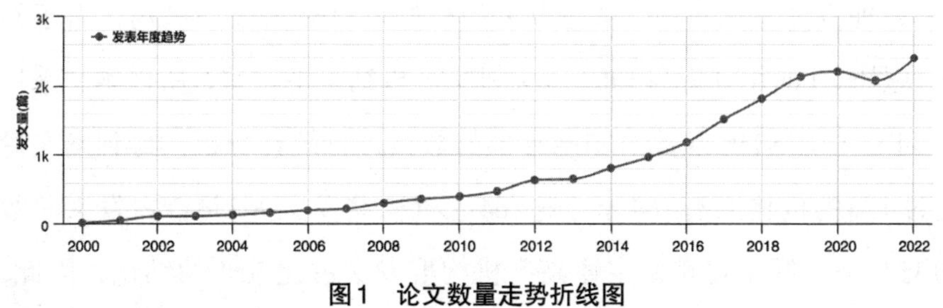

图1　论文数量走势折线图

2. 原因分析

“2000年，清华大学建成中国第一个下一代互联网交换中心DRAGONTAP”[①]，同年国家出台一系列互联网规定和办法，此后互联网蓬勃发展并逐渐普及。与此同时，思想政治教育领域研究的专家学者着眼于借助互联网开展高校思想政治教育，其研究热点情况与互联网发展趋势高度一致。此外，2011年以苹果和三星为代表的智能手机的广泛应用，2019年“5G”技术开始商用这两个互联网大事件，彻底改变了网络传播的方式，因此在这两个时间点，网络思想政治工作优化研究发文量出现了极值现象。综上所述，网络思想政治教育研究热点与网络技术本身的发展呈现正相关，同时因技术本身发展的影响而产生突变。

（二）文献发表机构分布

2678篇研究文献来源于1056家研究机构，发文机构非常广泛，发文最多的是华中师范大学，共计发文22篇。根据普赖斯定律，核心机构发文量下限为 $N=0.749\times\sqrt{N_{max}}$ [②]，将最大值22代入公式，上取整得到

① 2000—2001年互联网大事记［EB/OL］. 中华人民共和国国家互联网信息办公室网站，2009-05-26.https: //www.cnnic. cn/n4/2022/0401/c87-914.html.

② 刘从德，谭春霞. 大数据时代思想政治教育研究文献的定量研究基于 CiteSpace 的文献计量可视化分析［J］. 学校党建与思想教育，2019（4）：51.

N=4，即发文量大于等于4篇以上的机构可以称为核心机构，由于知网数据库可视化分析与CiteSpace机构分析结果不一致，所以本文采用Excel中COUNTIF函数对知网导出的数据进行统计分析，得到发文量超过4篇的机构共有164家，这164家机构共发文962篇，占发文总数的35.92%，低于普赖斯定律高产机构群发文占比50%的结论，因此，高校网络思想政治教育优化研究机构群尚未形成，本文截取发文数量前20名的机构，如表2所示。此外，786家机构的发文量1~2篇，反映出大多数研究机构对于该领域研究缺乏持续性关注。

表2 发文数量前20名机构分布表

排序	机构名称	发文数量	排序	机构名称	发文数量
1	华中师范大学	22	11	河北农业大学	10
2	电子科技大学	18	12	合肥工业大学	10
3	福建师范大学	16	13	桂林理工大学	10
4	广西师范大学	14	14	西华师范大学	9
5	重庆邮电大学	12	15	西安体育学院	9
6	中国矿业大学	12	16	西安科技大学	9
7	清华大学	12	17	武汉大学	9
8	南京师范大学	11	18	上海交通大学	9
9	兰州理工大学	10	19	山东农业大学	9
10	吉林师范大学	10	20	哈尔滨师范大学	9

（三）期刊文献发表来源分布

期刊的来源分布能在一定程度上统一领域相关研究的成果和特点，也是成果研究质量的重要体现，是文献计量分析的重要参考。通过知网数据库可视化分析，载文量排名前30名的期刊共载文610篇，占所有文章的22.78%，如图2所示，其中包含《学校党建与思想教育》《思想理论教育导刊》《长江丛刊》《教育与职业》《思想教育研究》《思想理论教育》《思想政治教育研究》在内的7种核心期刊，共载文130篇，占所有文章的4.85%，如表3所示。

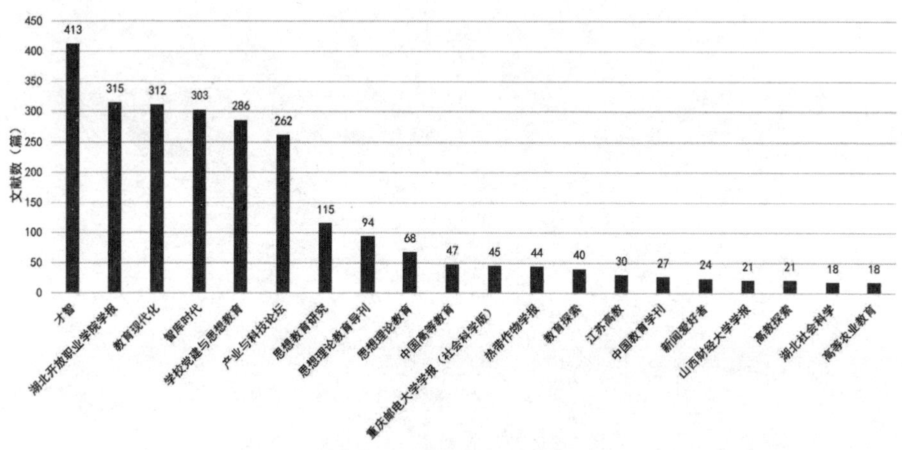

图2　高频文献来源分布柱状图

表3　高频核心期刊载文数量统计表

序号	刊名	载文数量	占比	序号	刊名	载文数量	占比
1	学校党建与思想教育	34	1.27%	5	思想教育研究	16	0.6%
2	思想理论教育导刊	19	0.71%	6	思想理论教育	14	0.52%
3	长江丛刊	17	0.63%	7	思想政治教育研究	13	0.49%
4	教育与职业	17	0.63%	总计		130	4.85%

三、高校网络思想政治教育研究热点的可视化分析

在CiteSpace中新建Project，选取合并转化后的知网导出数据，数

据类型选择CSSCI，节点类型选择关键词，时间范围选择2000年1月—2022年12月，时间切片选择5年，开始运行。计算完毕之后，调整图像布局，总体布局各参数设置为："Threshold=4，Font Size=2，Node Size= 10"，得到知识图谱，共包含464个关键词节点，如图3所示。

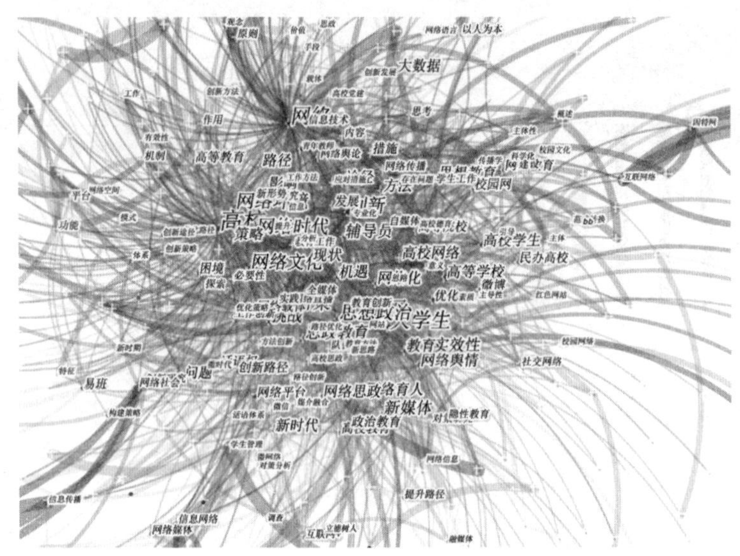

图3　高校网络思想政治教育研究热点知识图谱

从图中可以看出，"大学生""高校""网络"是研究热度最高的三个关键词，此外，"对策""网络环境""网络文化""辅导员""思想政治""互联网""新媒体"等关键词也是关键节点，说明20多年来的相关研究围绕上述关键词的比重较高。在CiteSpace界面节点菜单中选择"计算中介中心性"，在Network Summary Table得到关键词出现的频次和中介中心性，频次指的是同一关键词出现的次数，中介中心性反映的是关键词之间的关联程度。我们通常认为中介中心性高于0.1说明该关键词在相关领域为研究热点，这两个参数集中反映了研究热点分布情况。通过Excel表格排序整理，本文截取出现频次为前30名的关键词和中介中心性排名前10名的关键词，分别如表4、表5所示。从频次来看，相关领域研究的关键词分布比较广泛，这也导致仅有“高校”“网络”“互联网”“大学生”“创新”等关键词的中介中心性超过0.1，说明相关领域的研究热点变化频繁，体现着研究方向的多维性、去中心性和较强的创新性。

表4　高频关键词频次统计表

序号	关键词	频次	首次出现年度	序号	关键词	频次	首次出现年度
1	高校	780	2001	21	高校学生	36	2001
2	网络	478	2000	22	话语权	35	2015
3	创新	276	2002	23	机遇	35	2002
4	大学生	263	2001	24	现状	33	2006
5	网络环境	173	2005	25	问题	31	2007
6	互联网	144	2000	26	路径	28	2011
7	对策	144	2001	27	途径	27	2001
8	网络时代	141	2002	28	策略	25	2010
9	网络文化	117	2001	29	教育	25	2002
10	思想政治	102	2002	30	网络载体	25	2008
11	新媒体	82	2010	31	方法	23	2003
12	挑战	78	2002	32	网络育人	23	2015
13	实效性	63	2004	33	易班	21	2016
14	网络舆情	58	2010	34	创新路径	21	2012
15	辅导员	54	2008	35	优化	20	2005
16	大数据	50	2015	36	创新研究	19	2009
17	思政教育	45	2002	37	困境	19	2007

续表

序号	关键词	频次	首次出现年度	序号	关键词	频次	首次出现年度
18	影响	44	2001	38	网络平台	18	2005
19	新时代	38	2017	39	网络思政	18	2016
20	高等学校	36	2000	40	民办高校	18	2011

表5　高中介中心性关键词统计表

排序	中介中心性	关键词	排序	中介中心性	关键词
1	0.51	高校	6	0.09	网络环境
2	0.32	网络	7	0.09	网络文化
3	0.22	大学生	8	0.09	思想政治
4	0.11	创新	9	0.09	新问题
5	0.11	互联网	10	0.09	实效性

四、高校网络思想政治教育研究的演进分析

在 CiteSpace 中选择时区视图进行分析，其结果如图4所示。

图4　高校网络思想政治教育优化研究时区视图

根据时区视图分析高校网络思想政治教育优化研究进程演进，结合图1和图4，我们可以看出高校网络思想政治教育由浅入深、逐渐普及的发展趋势，初步将高校网络思想政治教育优化研究分为以下三个阶段。

（一）初步发展阶段（2000—2005）

这个阶段，高校网络思想政治教育优化研究处于萌芽时期，每年发文在100篇以下，研究热点关键词为“网络”“对策”“挑战”“特点”“价值”“创新模式”“网络环境”等，重点关注互联网技术发展对高校思想政治教育带来的新思路、新挑战，学者们探求将网络技术发展和高校思想政治教育结合的策略和实现路径。比如，学者李小林、张俊燕认为“网络对思想政治教育的挑战体现在对舆论控制力、工作过程可控性、传统教育方法方式等三方面，与之相对应的对策包含教育工作者要当好‘舵手’、大学生要提高政治免疫力、要加强网络管理等方面”①；学者袁贵仁认为要“认真总结高校思想政治教育进网络工作的经验，主动适应形势发展要求，努力开拓高校思想政治教育进网络工作的新局面”②。

（二）波动上升阶段（2006—2016）

此阶段，高校网络思想政治教育优化研究蓬勃发展，论文数量虽然略有波动，但总体呈现逐年递增的态势，2016年发文数量达到168篇。研究热点词包括“平台建设”“主客体”“新媒体”“教育机制”“管理机制”“教育创新”等，随着互联网技术的发展和智能手机的普及，教育受众的网络行为发生了巨大的变化，因此，相关研究领域的学者转

① 李小林，张俊燕．网络发展与高校思想政治教育之对策［J］．中国青年研究，2002（1）：60–62．

② 袁贵仁．扎实推进高校思想政治教育进网络工作［J］．中国高等教育，2002（12）：3–7．

而关注基于智能手机的网络平台建设和新媒体视域下开展高校网络思想政治教育的全新范式，更加关注互联网时代带来的思想政治教育的主客体转换。比如，学者林春生认为“改进思想政治教育平台建设应该在发挥思想政治理论课主阵地作用的同时，加强校园文化平台建设，拓展学生社会实践活动平台和辅导员成长提高平台”①；学者郭莉、黄柯认为“在网络空间，教师的主体性减弱而学生的主体性增强，传统主客体关系向主体间性转向”②；学者王玉忠认为“网络新媒体的发展诱发了大学生理想信念、身心健康、素质能力、诚信与责任意识等方面的危机；对高校思想政治教育的理念、维度、形式和成效等提出了新的要求”③；学者陆挺、杨文燮认为“网络空间信息交互的主客体关系、生产传播机制、话语表达方式等对传统思想政治教育机制提出了适应其特点的变革要求，需要进一步进行机制创新”④。

（三）相对稳定阶段（2017年至今）

这个阶段，高校网络思想政治教育优化研究整体处于较高水平，特别是“5G”技术的全面商用，催化了大数据、VR、AR、元宇宙等一系列新概念新技术的广泛兴起，伴随而生的高校网络思想政治教育优化研究进一步深化。此阶段论文数量虽然略有波动，但整体处于较高水平，2019年达到历史最高，共264篇。从图4中我们可以看出，“网络时代”“新时代”“三全育人”“媒体融合”“疫情”“短视频”等关

① 林春生．对新时期高校构建思想政治教育平台的几点思考［J］．思想教育研究，2008（4）：22-25.

② 郭莉，黄柯．论网络条件下高校思想政治教育的主体间性［J］．江西社会科学，2012，32（7）：241-245.

③ 王玉忠．浅析网络新媒体对高校思想政治教育的影响［J］．教育与职业，2015（5）：63-64.

④ 陆挺，杨文燮．高校网络思想政治教育的困境分析及机制创新［J］．思想理论教育导刊，2016（7）：118-121.

键词成为研究热点。这种趋势根源于三个层面的原因，一是党的重大理论创新和国家对网络思想政治教育的空前重视，呼吁借助网络平台实现更高层次的思想政治教育；二是网络和媒介的快速深入发展，需要相关领域研究的同步创新；三是后疫情时代使得在线教育所扮演的角色越来越重要，这为高校开展思想政治教育提供了新的理念和平台。此阶段学者们更加关注网络多种媒体融合形成的网络思想政治教育革命，更加探究新兴技术与网络思想政治教育的结合范式。例如，学者李佳、丛佳红认为“媒体融合的契机为高校思想政治教育全面转型提供了平台和依托，这种契合体现在理念创新、方式创新和内容创新等方面”①；学者高歌认为“高校思想政治工作者必须深入把握新时代新要求，充分利用新媒体新技术，构建‘N位一体’的高校网络思想政治教育机制”②；学者王莉娟认为“疫情时代网络思想政治教育在守常与非常向度、流变性和主导性向度、质量效益与供给向度等向度发生了需求变化，应该驱动网络思想政治教育的反思和改革，使特殊时期的思想政治教育工作更具时代感、使命感和共鸣感”③；学者杨国辉认为“思想政治工作者应遵循大学生成长的特点和规律，充分利用网络短视频强化大学思想政治教育，必须在实践上积极挖掘生活中鲜活的素材，传递正能量，深化马克思主义理论教育，提高学生的鉴别力，借鉴网络短视频的传播规律，创新思想政治工作”④。

① 李佳，丛佳红．媒体融合视域下高校思想政治工作创新研究［J］．思想理论教育导刊，2020（5）：141-145.

② 高歌．加强新时代高校网络思想政治教育探究［J］．学校党建与思想教育，2021（12）：65-67.

③ 王莉娟．疫情下高校网络思想政治教育的三向度研究［J］．思想政治教育研究，2020，36（5）：142-145.

④ 杨国辉．网络短视频对大学生思想政治教育的影响分析［J］．思想理论教育导刊，2020（12）：133-136.

五、结论与展望

高校网络思想政治教育作为一种教育手段，说到底是借助网络手段实现社会主义核心价值观和统治阶级主流意识形态的传播和灌输，因此离不开网络技术和网络设施本身的发展。新时代要实现创新优化，就必须紧盯技术本身的发展态势，深入了解技术应用的环境和前景，主动识变、应变、用变，充分发挥技术手段的优势，实现高校思想政治教育的理念创新、手段创新、模式创新、内容创新，使网络和思政的结合产生“1+1>2”的效果。综合20余年的相关研究成果，每一个时代的研究热点都离不开时代的技术烙印和传播环境，在新时代实现高校网络思想政治教育创新，就必须紧盯网络技术和其他技术的前沿成果，以此为基础寻求与此相适应的网络思想政治教育基础理论，构建适配的平台，加强网络思想政治教育配套人才队伍建设。然而，以往研究虽然有一些高质量的文章对上述三方面进行了阐述，但远没有达到广泛化程度，因此出现了网络思政滞后于网络本身发展和彼此不适配的情况，本文展望未来的研究热点可能向以下三个方向聚集。

（一）适应传播规律变化加强理论创新研究

网络思想政治教育必须适应媒体传播特点，互联网日新月异的发展改变了通过传统单一的思政课堂教学的模式，使得教育者主体地位转向主导地位，而学生由以往的知识受众逐渐转变为思想政治教育的主体。随着元宇宙、AR、VR等观念和新兴技术的出现，去中心化和去权威化的网络传播格局正在进一步发展，受教育者的主体地位进一步凸显，而万物互联和传播圈层的固化，又要求思想政治教育必须寻求破壁传播和分众化传播。面对这些传播范式的新变化，高校网络思想政治教育必须准确把握这些变化的底层逻辑，加强创新理论研究，使思想政治教育能够主动适应和利用这些变化，而不是被动接受甚至相互抵触。

（二）针对网络格局发展加强教育平台研究

从网页论坛、博客到微信、微博，从门户网站到手机客户端，从广播电视到自媒体，网络传播平台格局无时无刻不在发生着广泛而深刻的变化。高校网络思想政治教育研究必须立足这些平台，针对各个平台本身的特点和规律，不同平台相结合产生的“化学反应”和作用机制，高校网络思想政治教育基础理论和教育平台之间的相互作用力展开进一步的研究。寻求打造借助抖音、B站、微博、微信公众号等已有平台和各研究机构独具特色的信息化教育平台构建起来的媒体矩阵，为高校网络思想政治教育优化研究提供土壤和环境。

（三）结合网络思政演进加强人才培养研究

在网络高度发达的今天，每一名互联网使用者每天都会接收到大量良莠不齐的网络信息，部分有害信息对网络思政价值观产生了冲击，这对网络思政教育人才队伍建设提出了更高的要求。因此，加强课堂思政和思政课堂教育，辅导员、党政机关宣传人员等网络思政从业人员的综合素质显得尤为重要，这种综合素质包含学网用网的能力、讲事说理的能力、创新形式内容的能力、融入网民群体的能力等在内的多种素质。高校网络思想政治教育优化研究应该进一步挖掘网络传播对教育者素质的要求，深入探索教育者综合素质培养路径，打造一支与网络技术发展和思想政治教育创新相适应的教育人才队伍。

（黄彦龙，吴穹）

下篇
数智时代网络思想政治教育守正创新路径探索

算法推荐视域下网络思想政治教育创新探赜

时代变了，对象变了，思想政治教育必须跟着变。随着移动互联技术、人工智能技术发展和大数据积累的多重互动，算法应用日益普及深化，不断给政治、经济、社会发展注入新动能。所谓算法，主要指互联网相关平台和企业等网络信息服务提供者，通过计算系统实现对用户网络行为数据的精准收集和智能处理，进而开展信息匹配的技术实践能力与技术实现方式。在互联网信息服务中应用算法推荐技术，是指利用生成合成类、个性化推送类、排序精选类、检索过滤类、调度决策类算法技术向用户提供信息。[①]这一技术的引入与推广对深入开展网络思想政治教育具有重要意义和深远影响。面对新时代、新形势、新任务、新要求，及时更新教育理念，优化教育内容，改进教育方式，是坚持党管思想的深远谋划。[②]妥善运用算法推荐优化信息筛选过程、提高信息筛选效率，无疑将成为促进网络思想政治教育质效提升的重要手段，也是实现网络思想政治教育创新发展的应然选择。只有如此，才能“用好信息网络教育空间，使网络这个‘最大变量’变成教育创新的‘最大增量’”[③]。

---

① 国家互联网信息办公室，工业和信息化部，公安部，等．互联网信息服务算法推荐管理规定［EB/OL］．中国政府网站，2021–12–31．

② 努力开创新时代人民军队思想政治教育新局面［N］．解放军报，2020–12–05（1）．

③ 努力开创新时代人民军队思想政治教育新局面［N］．解放军报，2020–12–05（1）．

一、算法推荐重塑网络思想政治教育理念

网络赋予人们崭新的生活方式，基于网络的交往成为日常生活中难以摆脱甚至无法分割的有机组成部分，线上与线下、虚拟与现实日益从二元分立走向一元融合，从虚入实、由实到虚的界限不断模糊。但网络空间机遇与挑战并存、利益与风险同在，多元价值观也对网民差异化的认知力造成了冲击。算法推荐作为传统信息获取模式的超越和拓展，在其得以深度推广应用的大背景下，网络思想政治教育的基本理念亟须通过重构重塑来有效回应现实需求。

隐喻教育技术。广义思想政治教育活动中，技术介入主要有工具和方法两种途径。其中，前者是指教育者以科学技术为工具，对思想政治教育的教学资源进行设计、开发、运用；后者是指在教育过程中，教育者为达到一定的目的所采用的方式、手段、途径等。[①] 随着数据与用户交互形态变化和网络思想政治教育实践深入发展，以算法推荐为代表的新兴技术已不单单作为一种辅助工具，而是内嵌为网络思想政治教育构成要素并发挥建设性作用，只有从理念上明晰其技术性本质，才能正确指导教育活动各个环节顺利开展。算法推荐实现了网络思想政治教育环境的技术营造。借助各类现代信息技术架构的网络空间，为网络思想政治教育的存在和发展奠定了坚实的物质基础与全新的实施场域。算法的引入，不仅为教育活动提供了大量资源、平台、手段等，还拓展了教育实践所触达的范围，推动教育过程进一步成为开放的双向互动过程。同时，教育参与者的主观态度、现有的网络精神文化等原先只能定性分析的无形因素也可以在一定程度上加以量化，极

---

① 景星维，吴满意．论网络思想政治教育的新理念［J］．思想政治教育研究，2019，35（6）：143–148.

大改变了网络空间的人文环境，使网上和网下的连接更加紧密。算法推荐推动了网络思想政治教育内容的技术革新。内容设置层面，算法推荐能够在融合习近平新时代中国特色社会主义思想所蕴含的价值意义与大众日常网络生活，并以此实现思想行为引导这一网络思想政治教育本质目的的同时，将网络社会关系、受到技术影响的教育参与者以及技术化的网络实践活动一并纳入教育过程统筹考虑。内容表达层面，算法推荐能够做到以教育目的的普遍要求和受教育者的个性化需求为牵引，搜集、整合、生成、推荐契合时代特点、适应网络条件和贴近认知习惯的表达方式。算法推荐促进了网络思想政治教育发展的技术融合。随着互联网逐步从 PC 时代走向移动互联时代并最终向元宇宙加速演进，传统思想政治教育模式发生了根本性变化，耳提面命的“说服式”甚至“说教式”教育日渐与时代脱节。算法推荐助力网络思想政治教育突破了“网络 + 思政”的固有模式，催生了“网络 + 思政 + 5G”“网络 + 思政 + 大数据”“网络 + 思政 + 云计算”“网络 + 思政 + 物联网”“网络 + 思政 + 区块链”等一系列新兴模式。算法推荐时代的网络思想政治教育将在综合运用5G、大数据、云计算、物联网、区块链等新一代信息技术的基础上，实现对现有教育理念的颠覆改变与超越拓展，彰显多元多变、深度融合的特征。

涌现教育功能。算法通过一定的数据及模型实现了对现实世界中各种客观对象的网络映射，在数据化“界面”之下，探寻一个个单独特征之间的相关关系并据此构建多维向量，进而形成个性化“标签”，分别针对内容和用户自身特征开展分类推送。推荐算法本身智能化程度越高，标签维度划分就越精细，一个对象可以包含多级标签，每一级标签的数量都呈指数级增长，而标签维度划分越精细，越有助于通过后期训练不断提升算法智能化程度，在此基础上实现教育功能的数据化、智能化和智慧化。教育资源共享功能更加高效。伴随网民网络使用活动，特别是在网络空间的创造性劳动，网上无时无刻不在产生大量文字、图片、音频、视频信息，但由于网民存在个体差异性，导致产出信息本身良莠不齐，如果单纯依靠人力筛选甄别，不仅效率低下，而且难免挂一漏万。借助推荐算法对网络信息进行分类评级，再通过细分渠道实现垂类分发，能够极大提升海量数据整理归类和从中挖掘探寻有用资源的效率。教育文化育人功能更加凸显。网络思想政治教育尽管与传统教育活动场域不同、方法有别，但同样包含着价值解读、认识方式、实践指向和本质呈现等基本元素。网络信息作为人类文明的重要成果和文化活动的物质呈现，本身是一座精神富矿和文化宝库，为铸魂育人、立德树人功能打造了坚实基础和前提条件。借由推荐算法对海量数据中所蕴含的多元价值观念进行分析整合与去粗取精，能够达到有意义与有意思的内在统一，从而更好地开展价值引领和观念塑造。教育环境规训功能更加明晰。从本质上看，算法对个性化细节的关注是这项技术得以实现的关键手段和必要途径，通过信息的优化筛选和定向分发，能够有效破解网民注意力稀缺性与网络信息无限性之间的内在张力，化解教育对象囿于时间精力所限和网络素养不足带来的接受能力偏差，增强接受网络信息的效率与效果。对网络信息的内化过程就是网络思想政治教育功能得以实现的过程，如果在教育目标统领下做到了进一步深度挖掘与流程重塑，就有望贯通虚拟现实空间，将教育场域的全维环境转化为规训教育对象的新型权力。

洞见教育效果。算法推荐具备强大的自我学习能力，可以依据反馈结果实时优化并迭代升级。在网络思想政治教育活动中，这种“进化”主要依赖于深刻把握那些能够客观反映教育效果的结构化数据，从而有效规避部分受教育者不善于或不习惯用现代化信息渠道表达自己教育偏好的弊端，并最大限度降低人为因素的干预及影响。彰显教育主体个性化需求。当前思想政治教育活动难以实现供需平衡的重要原因，就在于教育者无法精确识别教育对象的个性化需求并依此提供差异化教育供给。如果不能从根本上解决这种供需矛盾，那么以往教育过程中广受诟病的“大水漫灌”“有教无类”等问题难免反复出现。算法推荐可以实现教育对象的精准判定、教育内容的精准供给、教育方式的精准选取和教育效果的精准反馈，并依据受教育者状态变化实时动态更新，为个体打造适合其自身需求的教育“养成”方案，实现真正意义上的分类施教、因材施教。丰富教育评估测量维度。传统思想政治教育效果往往受制于评估手段，特别是测量维度限制，通常仅能在几个有限维度上抽样分析受教育者的情况，因而难以做到对整体状态的全面描摹与科学评测。推荐算法通过对教育活动生成数据的体系化搜集与系统化分析，将传统手段下沉寂于数据中的价值充分挖掘出来。比如，针对某一次或多次教育前后受教育者行为和标签数据的对比分析，能够粗略评估短期教育质效。再比如，立足某一阶段对用户画像多维向量坐标随时间变化轨迹进行长效分析，能够标绘受教育者思想行为的发展趋势。实现教育质效动态提升。无论是传统思想政治教育，还是网络思想政治教育，由于教育过程中多重主客观因素的共同影响，以及受教育者自身的特殊性，教育质效提升从来不会表现为单纯线性过程。但算法通过对教育过程中数据的全维搜集与快速处理，能够大大缩短反馈链条，在第一时间对教育活动的全过程、全环节、全流程进行自我纠正，从而真正形成“闭环”，确保实现即时迭代与持续优化。

二、算法推荐变革网络思想政治教育实践

网络思想政治教育是理论与实践的辩证统一，其本身既是能动的认识论，也是科学的方法论。当前网上各种思潮层出不穷、各种技术日新月异、各种手段迭代频仍，只有将实践经验及时总结升华为理性认识，将理论成果第一时间纳入实践活动，并在实践应用中得到进一步发展，才能确保网络思想政治教育提质增效。算法推荐为网络思想政治教育理论与实践的相互转化开辟了一条新的路径。

延展教育空间。运用网络开展思想政治教育活动，不仅是发挥网络作为载体与工具的效用，更是教育活动从现实空间向网络空间的拓展直至认知空间的延伸。特别是综合运用虚拟仿真技术营造不同的教育场景，让受教育者得到沉浸式体验，更是算法推荐优势与特色的集中体现。算法推荐提高用户画像精准度，实现数字身份可度量。在蕴含各种先进技术的网络虚拟空间中，大数据赋予现实空间作为物理实体的受教育者以算法身份，通过数字化技术打造出具有虚拟形态的虚拟人或数字化表现的“人”。从机制上看就是由多种标签组成的数据集合，并通过数据统计的相关性加以认定。嵌入移动终端设备的算法技术通过不间断地收集、储备和分析受教育者相关信息，再凭借自身价值设定进行筛选归并和兼容性处理，能够实现对受教育者身份的精细度量和主动建构，从而提升其与教育目标的契合度。算法推荐细化教育内容颗粒度，增强虚拟空间沉浸感。现代技术手段已经能够将现实空间具象化的内容抽象为网络空间的抽象化数据，也可以将网络空间的抽象化数据还原为现实空间中可视化的视频、图像，从而让现实空间与虚拟世界“互联互通”。算法能够通过归类解析，增强虚实空间连接的针对性和精确性。而且，数据体量越大，由此训练出的算法就越

智能，对现实空间的模拟就越逼真，虚实空间转换时所表现出的差异性和可感性就越小，最终在受教育者认知层面做到无缝对接。算法推荐提高网络平台互动化，加大教育信息交互度。网络思想政治教育使得传统教育活动空间由线下向线上转变，活动方式由即时讲授向随时回看转变，活动策略由主动搜索向定向推送转变，对教育平台交互功能提出了新的更高的要求。算法基于程序的高效调度，快速匹配教育信息与资源，推动网络人机之间、人人之间包括自我深度互动，让教育信息在教育者、受教育者、教育环境之间畅通流转。

具身教育主体。具身性早在20世纪80年代就成了哲学和认知科学的理论热点，意在突破将精神与实体割裂开来、将理性凌驾于感性之上的既有传统。网络环境下推荐算法的介入，能够将经验身体与技术身体更加密切地糅合在一起，同时借助信息传播与内化加剧文化身份在场，使得教育主体具身性得到极大提高。打破了传统教育要求“面对面讲授”的空间限制。思想政治教育日渐从传统主客体关系转向双主体关系，引入算法更是通过对基于社交关系的传播链路重构实现了二者深层互动，彻底颠覆了“我说你听”“我打你通”的模式，私人定制课程、人机交互、翻转课堂、雨课堂、云课堂等新兴教育模式，使得物理在场不再是教育过程得以进行的必要条件，教育者和受教育者即使远隔千里也能实时交互，极大地改善了教育趣味性不足、体验感不够等状况，释放了思想政治教育的生机活力。打破了原有网络思想政治教育要求“同时在线”的时间限制，算法能够有效颠覆条块化时间分配模式，从而更加适应受教育者的碎片化时间，受教育者除了在专门安排的时间段内系统接受教育，还能在休闲娱乐时间受到潜移默化的影响，推动教育“如盐在水”“融盐入水”地融入学习、生活、工作，最终“日用而不觉”并成为生活中不可分割的有机组成部分，达到时时受教育、处处受熏陶的理想境界。打破了教育主客体之间“传—受”的身份限制，算法体现出的“去中心化”特征，进一步推动教育者和受教育者，即原有认知框架下的教育主客体之间实现身份对立转化与相互融合。教育主体客体化和教育客体主体化，共同促使教育活动参与者“去身份化”，由传统条件下的单一主体演化为网络环境中的二元主体，在以算法为代表的网络信息技术赋能与加持之下，教育参与者的主体地位和主人翁作用得到充分发挥与彰显，身份上的模糊化有助于凸显教育主体具身性，呈现全时在线、全域在场、全维互动的生动局面。

转换教育范式。范式是看待问题和解决问题的方法与视角，对实践活动来说，既具有通用性也具有指导性。范式的转换是实践活动对外界主客观条件变化的一种能动适应。算法推荐对网络思想政治教育范式的变革性影响，集中体现在本体论、认识论和方法论三个维度。从本体论维度看，其超越了教育活动本身。随着网络技术日益进步、网络形态日趋完备、网络应用日渐加深、网络融合深度拓展，如今不能将网络思想政治教育简单理解为传统思想政治教育的“+网络”，而应当看作思想政治教育传统形态与网络这一新兴事物融合共生的“网络+”。在这一视角之下，算法推荐可以实现对教育对象、教育内容、教育价值等各项范畴的整体性重塑，进而能够以价值内嵌精选内容不断强化对象吸引。从认识论维度看，其拓展了受教育者定位。算法建构用户模型和实施信息推送的依据主要是兴趣点与用户标签，其记入规则和管理规则的生成有赖于对受教育者自身活动数据的全面收集与客观映射，在此基础上，经由算法的中介和转化，实现对版面页面的生态管理，通过在首页首屏、热搜、精选、榜单类、弹窗等重点环节积极呈现符合主流价值导向，体现了教育目标要求的信息，在网络空间场域和网络应用场景中持续作用于受教育者并产生积极影响。但对受教育者本身来说，这个过程并不是完全被动的，而是人工干预、自主选择、第三方记录的有机统一，因而有可能彻底摆脱既往的从属地位，通过自身的能动性活动让教育实践真正成为教学相长的过程。从方法论维度看，其升华了传统灌输理论。先进的理论不可能自发产生，需要从外部进行灌输。因此，无论思维理念、作用场域、支撑技术等外界条件如何变化，灌输作为开展思想政治教育的重要方法和有效途径不会发生根本性改变。实践表明，如果理论内容在传播过程中能够针对不同群体实现分众化甚至小众化设计，将极大增强传播力、影响力、渗透力，真正“飞入寻常百姓家”，这正是算法大有可为、大有作为的领域。

三、算法推荐提升网络思想政治教育质效

算法推荐，从本质上看就是通过技术手段进行信息自动化筛选与个性化分发，与网络思想政治教育在内核上同质、目标上同向、路径上同行，具有内在一致性、外显契合性与相互促进性。提升网络思想政治教育质效，必须主动创新教育理念，精心构造教育内容，不断更新教育方法，多措并举占领网络主阵地、唱响网络主旋律、掌握网络主动权。这就要求我们更加深刻地理解算法推荐运行模式，更加广泛地聚焦算法推荐价值承载，更加精准地推动算法推荐内容定制。

通过教育平台破壁提升影响力。只有接地气才能有生气，因此网络思想政治教育的根本目的是向社会大众宣传党的科学理论与先进文化，用党的理论最新成果武装头脑、指导实践、推动工作。因此，不

能仅仅面向一部分人或是大部分人，而是要最大限度实现全员覆盖。在这一过程中，算法将成为推动网络思想政治教育打破圈层化、超越同温层的强大助力。算法推荐为网络思想政治教育圈层破壁提供内在驱动力。研究表明，“出圈”的发生通常包含四种动因：数量临界、知识生产、文化认同、资本嵌入。[①] 算法推荐视域下的网络思想政治教育能够统合海量教育内容，使得教育资源体量呈爆炸性增长，为最终“出圈”提供“量”的积累，进而实现“质”的飞跃。自媒体时代，人人都是创作者，只要有利于传递正能量、弘扬社会主义核心价值观，创作出的内容就可以为教育所用，为教育活动中的知识生产提供丰富载体。网上大量原创资源使教育活动本身更加“接地气”，教育不再是枯燥的说教和僵死的教条，而且可以通过小清新、二次元、文艺范等形式极大增强受教育者的文化认同。各大官媒逐渐入驻抖音、B站、快手等平台，引领正能量传递日渐成风、网络空间日益清朗，在此带动下，后续将会吸引更多平台、更多媒体加入网络思想政治教育，为“出圈”提供资本支撑。算法推荐为网络思想政治教育圈层交往增强“圈际”吸引力。网络社会生态系统中，各圈层都拥有以自己的文化、价值、精神或信仰等凝结成的专属“基因”或者说亚文化，这是区分不同圈层的无形区隔和圈层内部的认同密码。引入算法推荐后，网络思想政治教育可以根据圈层自身特性，针对性地遴选推荐与该圈层结合紧密并为之高度认同的内容，消融横亘在不同圈层之间的壁垒与边界。圈层既是知识流淌的通道，也是知识耦合的载体，算法推荐一方面把信息流动的把关权由传统的大众媒体转向以算法分发为底层逻辑的社

① 刘明洋，李薇薇．“出圈”何以发生？——基于圈层社会属性的研究［J］．新闻与写作，2021（6）：5-13.

交媒体，另一方面又能够在信息流经圈层时适当加以修订，注入不同群体的价值、诉求等内容，以更好地适应不同圈层的多样化需求。此外，算法推荐还通过文化同化进一步降低圈层之间的排他性与排异性，促进不同圈层的专属亚文化跨越此消彼长的消极形态，融会贯通以达到共同繁荣的高级阶段。算法推荐为网络思想政治教育圈层融合注入外部推动力。圈层文化看似小众，实则不然，其发展已逐渐超越自身圈层，影响着主流文化。倡导主流文化，并不是只追求一种声音，而是在多元中立主导、在多样中谋共识、在多变中把方向。算法推荐视域下网络思想政治教育“出圈”更深层次的功能就在于对其他圈层的知识塑形和文化整合，从而促进各圈层之间相互融合、协同进化，共同构建网络空间命运共同体，合力打造风清气正的网上精神家园。

通过教育价值承载提升引领力。教育活动的本质是通过有价值的知识来实现代际传承和创新发展的实践活动，知识与价值是不可分割的。网络思想政治教育创新发展，必须牢牢把握住价值承载这一核心关键环节。算法本身是工具，但不能由此忽视价值理性甚至简单化为工具理性，算法表现出的善与恶往往取决于设计之初注入何种价值。因此，网络思想政治教育应当探索将核心价值注入算法的有效途径，让主流价值驾驭算法。守正社会主义核心价值观的主体地位。网络思想政治教育同样要做到“坚持政治性和学理性相统一；坚持价值性和知识性相统一；坚持建设性和批判性相统一；坚持理论性和实践性相统一；坚持统一性和多样性相统一；坚持主导性和主体性相统一；坚持灌输性和启发性相统一；坚持显性教育和隐性教育相统一”[①]。大力弘

① 习近平主持召开学校思想政治理论课教师座谈会强调：用新时代中国特色社会主义思想铸魂育人，贯彻党的教育方针落实立德树人根本任务［N］. 人民日报，2019-03-19（1）.

扬社会主义核心价值观，用习近平新时代中国特色社会主义思想这一当代中国马克思主义，21世纪马克思主义统一思想、统一意志、统一行动，站在党和国家事业后继有人的高度，做到成风化人、凝心聚力、澄清谬误、明辨是非，着力培养担当民族复兴大任的时代新人。增强受教育者对核心价值的情感认同。坚持用真理说服人，用真情打动人，用真实感染人，以网络思维、网络语言、网络形式讲好大家身边的好人好事、英雄故事、模范典型，传递身边的正能量。通过典型激励、示范引领，让社会主义核心价值观可感、可触、可学、可信，不断强化教育对象与社会主义核心价值观的情感连接，让社会主义核心价值观的种子在大众心中生根发芽。催生受教育者价值理念的实践转化。习近平指出："一种价值观要真正发挥作用，必须融入社会生活，让人们在实践中感知它、领悟它。"[①]算法作为影响主流价值观念构建的重要技术因素，其深度嵌入网络思想政治教育过程，能够绘就全员主体互动、全息内容呈现、全维传播感知和全域空间覆盖的现实图景，从而为社会主义核心价值观转化落地，实现内化于心、外化于行提供技术可能与全新路径。

通过教育内容定制提升传播力。推荐算法能够根据受教育者个人转发、点赞、评论和以往点击浏览频次及时长等网络行为产生的数据，构建出多维度偏好模型，进一步针对偏好顺序调整呈现内容和推送频率，从而实现教育内容的个性化生成。提高网络思想政治教育质效，内在要求充分整合网络优质资源，通过精准识别、精准归类、精准投放，有效降低信息"噪声"，减少信息无效供给。屏蔽垃圾信息，营造

① 习近平．习近平谈治国理政［M］．北京：外文出版社，2014：165.

风清气正的教育氛围。网络信息鱼龙混杂，西方国家一直将网络看作对我国实施“西化”“分化”的重要阵地，极力通过网络输出其意识形态和文化理念，加之“饭圈文化”“拜金主义”等负面思潮的影响，难免对受教育者思想和行为造成直接冲击。算法推荐可以从传播链上游遏制不良信息的蔓延，通过优化检索、排序、选择、推送、展示等规则，过滤网上低俗内容、垃圾信息、政治谣言等，确保处于信息传播链下游的受教育者免受不良信息影响。扩大主流声量，打造成风化人的教育环境。推荐算法要坚持技术向善、遵循技术伦理，提供更多、更优质的内容，更加专注于内容本身的价值承载与意义赋予，将社会主义核心价值观嵌入作为算法推荐程序启动的必须环节，避免“冷启动”时由于标签过少、定位模糊而产生信息匹配不适当问题，以此保证算法整体技术架构的价值导向始终做到不偏航、不迷失，打造符合主流意识形态、教育意义突出、形式喜闻乐见、主题积极向上、受众体验良好的内容池，使主旋律更加响亮，正能量更加强劲，让清风正气充盈网络空间，确保主流价值因素在受教育者认知域中形成首因效应，对非主流甚至错误思潮进行“前摄抑制”。运用辩证思维，改进算法推荐的短板不足。算法作为网络信息传播的重要底层架构和影响内容分发、服务提供、资源配置的基础性力量，在承担信息采集、话题生产、评论引导、编辑发布等诸多功能，给网络思想政治教育开展带来极大便利的同时，也引发了算法歧视、算法遮蔽、算法合谋、算法致瘾、算法规训、算法越位、算法黑箱等一系列算法滥用问题，要综合运用内容去重、打散干预等技术策略，通过强化算法透明度、赋予用户退出个性化推荐的权利和对用户标签的管理权，有效化解可能带来的政治安全、意识形态安全和社会秩序等方面的重大风险，防止算法技术在资本意图驱使下以工具理性僭越价值理性。

（原文载《中国军事科学》2022年第3期，吴穹，黄彦龙，韩立敏，部分内容有删改）

提高基层思想政治工作质效要注重“思”“实”之合

中共中央、国务院下发的《关于新时代加强和改进思想政治工作的意见》中指出，“坚持遵循思想政治工作规律，把显性教育与隐形教育、解决思想问题与实际问题、广泛覆盖与分类指导结合起来，因地、因人、因事、因时到头展开工作”[①]。思想工作作为政治工作的重要方面，在基层建设中起着统一思想、凝心聚力、鼓舞斗志的作用。只有将解决思想问题和解决实际问题紧密结合起来，才能有效提高基层思想政治工作质量。

一、解决思想问题是提高基层思想政治工作质效的前提基础

思想是行动的先导。谭政指出：“在一定物质基础之上，思想掌握一切，思想改变一切。”[②] 提高思想政治工作质效，首要的就是要抓好思想政治教育，解决好基层大众的思想问题。

全面了解思想动向。这是抓好思想政治教育的前提。我党历来高度重视搞好思想调查工作，毛泽东在《反对本本主义》中开篇明确“没

① 中共中央国务院印发《关于新时代加强和改进思想政治工作的意见》[N]. 人民日报，2021-07-13（1）.

② 谭政. 关于军队政治工作问题：谭政在西北局高干会议上的报告［R］. 西北局高干会议，1944-04-11.

有调查，就没有发言权”[①]。《古田会议决议》也是在毛泽东进行了艰苦细致的思想调查之后，科学归纳并指出了当时红四军存在的八种不正确思想倾向和非无产阶级意识。提高新时代基层思想政治工作质效，更要用好思想调查这一有力工具，将调查研究贯穿教育全过程，及时掌握一线群众的思想动向，并以此作为评判教育效果、改进教育方式的标准。教育前，应该重点了解基层一线群众的思想状况和对单位形势任务的思想反映，通过把握教育的形与势，让教育开展更有针对性。教育中，重在通过教育者与受教育者的思想交流互动，来掌握基层一线群众的思想变化，通过反馈及时掌握教育对象的接受情况和各类诉求。教育后，重在了解通过教育给基层群众思想认识带来了什么样的影响，特别是对思想和行为方面的影响进行跟踪调查，在摸清底数的基础上持续优化改进。

彻底廓清思想迷雾。随着信息技术快速发展，网络中各种思潮层出不穷、各种文化此起彼伏，基层一线群众的思想观念和价值取向可能会受到一些腐朽文化的侵蚀。在开展基层思想政治教育的过程中，教育工作者要切实讲清历史虚无主义、新自由主义等错误思潮的本质和危害，加强党史学习教育，引导大众从中汲取奋斗的磅礴力量，真正做到学史明理、学史增信、学史崇德、学史力行。要旗帜鲜明地反对“饭圈”文化、迷信文化等不良文化，教育引导大众培养积极向上的兴趣爱好，以良好的精神面貌投入民族复兴的伟大实践中。要着力纠治“躺平”“拜金”“娱乐至死”等错误价值观念，引导大众树立正确的世界观、人生观、价值观、奋斗观。

① 毛泽东．毛泽东选集：第一卷［M］．北京：人民出版社，1991：109.

精准根治思想症结。受众异质化特点和期望同一性要求之间的矛盾是基层思想政治教育所面临的一般性矛盾，也是提高思想政治工作质效需要关照的重点。当前，个别思想政治工作者对教育对象的思想掌握不清，致使“吃大锅饭”的现象仍然存在；部分不能主动求变，研究新时代基层一线群众的思想行为特点和认知接受规律不够，教育人们墨守成规的现象仍然存在；个别政治理论课授课方式单一，教育时“照本宣科”的现象仍然存在。因此，想要提升基层一线群众对思想政治教育的认可度和获得感，就要瞄准思想症结靶向施策，在供给侧和需求侧同时发力，构建因材施教、对症下药的教育模式。在需求侧层面，除依靠传统的谈心谈话、问卷调查之外，还可以借力网络行为跟踪分析系统精准绘就人们的思想图谱和行为图式。在供给侧层面，可以依托课堂灌输教育、随机教育和网络隐性熏陶相结合的方式，不断优化教育供给的精度、纯度和颗粒度。其中，课堂灌输重在解决具有广泛性、系统性和典型性的思想问题，随机教育重点针对人们个体差异开展针对性教育，网络隐性熏陶主要借助推荐算法、用户画像、订阅推送等技术实现“润物无声”的教育效果。

二、解决实际问题是提高基层思想政治工作质效的有力途径

邓小平同志指出，“革命精神是非常宝贵的，没有革命精神就没有革命行动。但是，革命是在物质利益的基础上产生的，如果只讲牺牲精神，不讲物质利益，那就是唯心论”[①]。由此我们可以看出，基层思想政治教育不能单纯就思想而谈思想，要将思想层面和物质层面统筹起

① 邓小平. 邓小平文选：第二卷［M］. 北京：人民出版社，1994：146.

来一并考虑。要准确把握实际情况，注重工作重点和工作实效，切实解决好基层的实际问题。

准确掌握实际情况。掌握实际情况是解决实际问题的前提，要注重用好调查研究这个“传家宝”，准确了解人们急难盼愁的实际困难。在开展思想政治工作时，教育工作者要注重基层一线群众的切身利益这个基础，了解大家现实关切所在，在政策允许范围内尽量解决人们的合理利益诉求，提高思想政治工作的温度。要在保证坚决完成任务的前提下，做好基层群众的思想疏导工作，充分发挥思想政治工作宣传鼓劲作用，拓宽思想政治工作的广度。要凝心聚力这个关键，用党的理论创新的最新成果武装头脑，深入浅出、联系实际讲好大道理，让基层一线群众产生心理认同，依靠坚强组织解决具体问题，依靠科学理论解决思想问题，使教育内容内化于心，外化于行，延伸思想政治工作的深度。

更加注重节点实效。解决实际问题要坚持具体问题具体分析，做到既讲“两点论”，又讲“重点论”，善于抓住主要矛盾和矛盾的主要方面，通过追根溯源找准问题背后的深层次原因，从根源上破解难题。教育工作者要积极听取基层建议，注重改进工作方式、改善基层工作条件，力求“关键时刻顶得上”；要区分不同群体，做好谈心疏导工作，加强行政管理，确保组织功能作用和教育功能同向而行。总之，一方面，要抓住关键节点，基层面临的实际问题复杂多变，要准确把握思想政治工作的切入点，以解决这些关键问题并辐射带动解决其他问题，从而提升思想政治工作的实效；另一方面，要注重工作效率，基层的实际问题解决得好不好，决定着人心齐不齐，要重点关心了解个人正当诉求是否能满足、成才目标是否能实现、看病渠道是否能畅通、家庭困难是否能解决等问题，要本着能解决的要马上办，不能解决的要及时向上级反映的态度，只有做到急大众之所急，真正化基层一线群众的操心事为放心事、烦心事为暖心事、揪心事为宽心事，才能更好发挥思想政治工作凝心聚力的作用。

三、坚持明"思"务"实"提高基层思想政治工作质效

新时代开展基层思想政治工作，只有做到既讲道理又办实事，既以理服人又以情感人，才能得人心、暖人心、稳人心，不断提升工作的主动性、针对性、实效性。

从认识上把握发挥主观能动性和尊重客观规律性的辩证统一。马克思主义基本原理指出，"物质决定意识"，"人的主观世界对于客观世界具有能动作用"，其中，主观世界对应思想问题，客观世界对应实际问题。基层思想政治教育要从认识上把握整体观念，做到相互促进、相互成就、互为目的和手段，防止将二者割裂为两个相互独立甚至相互对立的范畴。一方面，实际问题产生的原因可能是思想认识不到位，因此充分发挥思想政治教育改造主观世界的作用，可以促进实际问题的解决；另一方面，部分思想问题可能由实际问题诱发，通过解决实际问题为改造主观世界创造客观条件，思想问题往往也会随之解决。

从目的上把握熔铸理想信念和主动担当作为的结合统一。无论是重点关注思想问题，还是着力解决实际问题，最终的目的都是为了熔铸理想信念，激发主动担当作为、干事创业的热情。要深入推进主题教育，不断引领深刻领悟习近平新时代中国特色社会主义思想的深刻内涵和深远意蕴，激发其投身复兴伟业的使命感、荣誉感和责任感，

确保其在思想上高度认同，行动上看齐追随。要善于发掘日常工作生活的教育元素，讲清楚取得的每一点进步、每一项成绩都是伟大征程上的鲜明注脚，深刻理解每一个岗位、每一项工作都是为实现中国梦添砖加瓦，从而自觉以实干担当强化思想认同。

从实践上把握解决思想问题和解决实际问题的融合统一。思想问题和实际问题各有侧重、相互影响，解决过程中不能“单打一”“两张皮”，应聚力推动两类问题的协同破解。要做到既“齐头并进”又“同频共振”，在解决思想问题时深入了解背后潜藏的实际问题，解决实际问题时要认真分析可能带来的思想问题。要做到既“把握力度”又“提高精度”，基层思想政治工作点多、线长、面广，问题破解不可能一线平推、面面俱到，应始终确保力度适当、定位精准。要做到既“埋头干事”又“抬头看路”，把握好方向与角度，在志存高远的同时坚持脚踏实地，以绵绵之力和久久之功不断提高解决各类问题的能力，推动基层思想政治工作质效和基层全面建设水平迈上新台阶、取得新进步。

（原文载《步兵学术》2023年第5期，黄彦龙，吴穹，内容有删改）

网络思想政治教育质效提升的新媒体进路

第52次《中国互联网络发展状况统计报告》显示，截至2023年6月，我国网民规模达到10.79亿人，互联网普及率达到76.4%，即时通信、网络视频、短视频用户规模分别达10.47亿人、10.44亿人和10.26亿人。在这一大背景下，谁掌握了网络主动权，谁就掌握了话语主导权。随着互联网深度融合发展，以“两微一端”为代表的新媒体成为网络传播主阵地，也为开展网络思想政治教育开辟了新途径。如何用好、用活新媒体，探索网络条件下新的思想政治教育模式、推动教育体系转型重塑是提升网络思想政治教育质效的题中之义。

一、新媒体是提升网络思想政治教育质效的重要抓手

中共中央、国务院颁布的《关于新时代加强和改进思想政治工作的意见》，着眼推动思想政治工作传统优势与信息技术深度融合，提出了“使互联网这个最大变量变成事业发展的最大增量”[①]的目标要求。随着传统思想政治教育向网络空间不断延展，以及在这一过程中实现的范式转换，利用新媒体这一新工具来探索新途径、构建新体系，切实提高时代性和感召力，是实现网络思想政治教育质效提升的有力途径。

落实新时代教育方针的“新课堂”。以新媒体为载体开展网络思想

① 中共中央国务院印发《关于新时代加强和改进思想政治工作的意见》[N]. 人民日报，2021-07-13（1）.

政治教育，将蕴含其中的自在优势切实发挥出来、自为特点充分彰显出来，是实现“立德树人、为战育人”的重要途径，是办好新时代教育的现实需要，是构建“思政主课堂、社会大课堂、网络新课堂”全员、全程、全方位育人格局的具体实践。新媒体助力下的网络思想政治教育进一步打破了主体与客体的界限，推动教育方式从“灌输式”向“互动式”转变，教育格局从“封闭型”向“开放型”转化，教育手段从“理论化”向“实践化”拓展，通过深度融入网络生活，让教育走近大众网民，让群众更加乐于接受教育。

推动“最大变量”转向“最大增量”的“新途径”。实现这一转变，既要深刻把握网络传播规律的认识论，也要切实用好网络手段的方法论。教育工作者要注重用主流价值观占领网络新阵地，“用光纤传递光鲜、让流量赋予能量”，使网络空间的主旋律更加响亮、正能量更加强劲。要深刻把握信息网络的时代之变，借助新媒体推进传统思想政治教育理念之变、方法之变、力量之变；要更加注重精准施教、更加注重网民参与、更加注重双向交互，让新媒体真正成为开展网络思想政治教育的新手段、主流价值发声的新喉舌、学生精神成长的新平台。

构建新时代思想政治教育体系的“新阵地”。实践证明，新时代的思想政治教育无论是往深里走、往实里走，还是最终往心里走，都要直面网络、依托网络、用好网络，让教育无时不在、无处不有、无所不包。教育工作者要立足新媒体全员、全程、全时、全效的新特点，与传统思想政治教育的系统性、权威性、科学性、低熵性的优势实现互补，构建线上教育与线下教育、显性灌输与隐性熏陶、“饱和打击”与“精确制导”深度融合的体系化思想政治教育新格局。

二、以新媒体助力网络思想政治教育质效提升的方针原则

相较于传统思想政治教育，网络思想政治教育在教育对象、教育实施、教育边界等方面都发生了深刻而广泛的变化。以新媒体助力网络思想政治教育质效提升，要求教育工作者主动求变、准确识变、科学应变，不断强化与教育对象、教育内容和教育手段的契合度。

契合教育对象"网生代"特点。与网络相伴相生的"网生一代"几乎不看传统媒体，都从网上获取信息。以新媒体助力网络思想政治教育质效提升，就要求教育工作者把握这种趋势变化，做到有的放矢。由于"网生代"在获取信息时更关注简短精干、及时迅速、方式新颖的内容，导致其知识获取更趋碎片化，因此，教育过程中教育工作者要充分发挥新媒体短、平、快的传播特点，用短视频、图文、音频等形式，从手段、形式和内容三个维度增强教育吸引力。尽管"网生代"能够在网络上便捷获取海量信息，涉猎范围呈现泛化特征，但这些信息内容往往泥沙俱下、良莠不齐，极可能导致负面影响。因此教育工作者要通过新媒体转发国家主流媒体信息、推送符合社会主义核心价值观的数字产品，以他们乐于接受的方式进行潜移默化的教育塑造。"网生代"普遍对未知领域有强烈的探索欲望，探索行为也更加开放，特别是对自己比较感兴趣的事物，会借助网络进行资料检索、信息搜集和探究学习。因此教育工作者要注重增强教育内容的趣味性和新奇性，从激发兴趣入手强化大学生探求真理的自主性。

契合教育实施"圈层化"特色。网络时代，教育受众圈层化的特点越来越明显，比如，某高校的新媒体矩阵，其抖音、微博的主要受众是90后大学生，微信公众号的主要受众是学生家长，易班网的主要受众是校内实名用户。以新媒体助力网络思想政治教育质效提升，教

育工作者要立足媒体自身定位，精准识别主流受众，实施分众化传播。着眼主体本身差异性实现个性化供给。“网生代”受知识储备、兴趣爱好、学习能力等方面影响，对网络信息和网络媒体的接受和偏爱会产生差异，因此教育工作者要注重根据个人兴趣爱好和媒体使用偏好来调整教育内容和投放形式，增强教育的主动性、针对性、实效性。着眼算法推荐封闭性实现破壁化推送。应用算法推荐极大减轻了信息筛选负担，也增强了媒介平台的信息供给能力，但大量类型相近和属性相似的同质化信息可能导致“回音室”效应和“信息茧房”，并在算法自我进化与迭代升级中反复强化，因此教育工作者要有意识地定期推送不同类型的信息，打破客观形成的信息壁垒，前瞻防范自我极化现象。着眼圈内个体互动性实现社交化交流。媒介形式演变的一个重要趋势就是社交功能的日益强化和网络社区的逐步构建，借助新媒体自带的社交功能，圈内个体赖以沟通交流的话语体系往往基于共同的知识背景和兴趣爱好，对同类问题更容易产生共鸣、达成共识，愿意相互之间交流观点、分享故事、表达看法，这为实现自我教育开拓了新的视角。

契合教育边界“模糊化”特性。新媒体对“网生代”“衣食住行”的影响是全方位的，“媒介即生活”，形象地表达了网民沉浸在网络之中的状态，在使传统思想政治教育形式更加直观、更加形象、更加饱满的同时，也让一些过去相对清晰甚至泾渭分明的边界变得“模糊化”。以新媒体助力网络思想政治教育质效提升，要求教育工作者善于“跨界”，将所面临的挑战转化为难得的机遇。聚焦网上与网下边界模糊化强化交汇融合。从 Web1.0 发展到 Web3.0，网上已不再仅仅是网下的辅助和补充，基于物联网、大数据和人工智能等建构起来的“元宇宙”

更将成为打通现实世界与网络空间的“虫洞”，网上与网下越发不能截然分开，将逐渐演变为你中有我、我中有你的共同体，教育工作者要依托这一有利条件，实现网上网下相互贯通。聚焦主体与客体边界模糊化强化双向互动。新媒体是人与人之间交流的媒介，教育过程不再是单向的信息传导过程，而是双向的信息交互过程，主体客体化与客体主体化将成为常态，教育工作者要尊重网络对大学生的赋能与赋权，在平等交流中引导他们充分发挥自治、自律与自洽作用，实现主导性与主体性的统一，从“实然状态的自我”向“应然状态的自我”转变。聚焦课上和课下边界模糊化强化全程育人。网络的普及，能够打造“全时在线”的课堂，尽管课堂教学主渠道的地位没有改变，但不能忽视网络新课堂、社会大课堂的巨大影响。教育工作者要借助新媒体手段使思想政治教育实现寓教于乐、寓教于学，如盐在水、无形无色，真正成为学生日常生活中不可分割的一部分。

三、新媒体视域下网络思想政治教育质效提升的实践路径

习近平总书记指出，“我们要运用信息革命成果，加快构建融为一体、合而为一的全媒体传播格局”[①]。网络思想政治教育要用好新媒体发展成果，借助“两微一端”主动占领网络空间实现理论灌注、人格培塑与价值引领，推动教育内容、教育方式和教学评价的整体性、系统性范式转换。

教育内容定制化。内容定制是网络思想政治教育发展的必然。在实践中，教育工作者应根据学生的个人特点，结合新媒体使用行为，创建基于数据价值挖掘的用户画像，据此利用算法构建出多维度偏好

① 习近平．论党的宣传思想工作［M］．北京：中央文献出版社，2020：356.

模型，不断根据偏好顺序和预设目标定向调整推荐内容和推荐频率。还要定位“网生代”面对纷繁复杂的网络信息时产生的个人需求，充分整合全网优质资源，有效降低各类网络信息“噪声”，尽量减少甚至屏蔽冗余信息供给，通过精准识别、精准归类、精准投放，最大限度增加信息供给的针对性、时效性。

教育方法多元化。方法多元是网络思想政治教育发展的应然。新媒体形式和类别的多样化，蕴含了教育方法与手段的多元化。教育工作者要根据各个新媒体平台不同的受众特点，持续优化教育内容和表达方式，充分发挥主流 APP 的权威性、时效性和“导流”“把关”功能，充分发挥“打卡”“闯关”“打擂”等功能，在养成学习习惯、浓厚学习氛围中的重要作用。同时，相较于互联网媒体，内部建局域网尽管在传播时效性方面不占优势，但同样可以在深度和广度上做文章，教育工作者结合时事热点、关注焦点及时推送专家解读文章或公开课等资源，促进网络思想政治教育由宽领域向深层次拓展。

教育评价精确化。评价精准是网络思想政治教育发展的使然。传统思想政治教育往往受制于评估手段，在教育开展后，很难对受教育者的接受情况进行个性化分析，从而难以针对性调整教育理念、教育方法、教育资源等，长期“概略瞄准”难免带来重复和低效。而新媒体大多自带问卷等调查功能，或是本身可以作为类似“小程序”等工具的公共平台，通过长期累积的用户使用行为数据挖掘出评价价值的“富矿”，从而不断推动教育评价从模糊向精确转变、从定性向定量转化，形成教育效果提升的闭合回路。

（原文载《政工学刊》2022年第7期，黄彦龙，吴穹，内容有删改）

5G时代基层思想政治教育方法手段创新的视频化路径

2019年，以工信部向中国电信、中国移动、中国联通等三大运营商以及中国广电发放5G商用牌照为标志，我国正式进入5G商用元年。我们可以预见，在5G技术加持下，人类的生存环境和社会生活必将发生重大改变。随着网络传播技术迅猛发展，特别是加速迈进了5G时代，“读屏”成为不可忽略的特点，短视频必将逐渐取代传统媒体和图文模式成为人们获取信息的主要途径。实践证明，紧跟时代条件发展变化和传播技术换代升级，不断更新教育理念，持续改进教育方式，大力推进基层政治教育方法手段创新，是打牢思想政治根基的题中应有之义。放眼未来，适应网络信息视频化传播趋势，利用短视频节奏快、视角新、冲击力强的特点，采取多个角度剖析、多维模块叠加、多个层次递进的方式，借助平台自身的趣味性、创新性、互动性，无疑能够大幅提升教育质效。①

一、视频化是新时代基层思想政治教育方法手段创新的应然举措

如果想要更好地用“数据链”加载“生命线”，用传播力加持“生命力”，就应注重研究把握信息网络时代的特点和规律，用好、用活各

① 努力开创新时代人民军队思想政治教育新局面［N］. 解放军报，2020-12-05（1）.

类网络平台和载体。而适应受众关注焦点和信息接受方式的变化，不断推动基层思想政治教育方法手段创新，特别是实现面向视频化的转型升级，是新时代做好思想政治教育工作的必由之路。

基层思想政治教育拓展新领域的客观要求。对用户而言，任何技术都不是以其技术特性得以定义的，而在于通过应用场景将现实社会生活和技术进步成果有机对接起来。《中国娱乐及媒体行业展望：2019—2023年》报告预测，受益于5G增强型移动宽带、可靠低延时两大优势，未来视频形式将更加符合用户的阅读习惯。英特尔和Ovum的报告推断，到2028年，每个5G用户的平均月流量将达到84.4GB，视频将占其中的90%。由此可见，5G将全面进入视频时代，届时5G的上传速度预计可以达到100Mbps，远超现在4G的6Mbps，应用图片切片技术将保证用户不受网络拥堵影响，从而实现更好的直播效果，这将彻底解决4G条件下一些需要高清直播的内容体验感较差，甚至存在“卡顿”现象的问题。融视听为一体的“富媒体”将更容易吸引用户全身心投入并沉迷其中，从而营造出特殊的文化氛围和独有的交流语境，这将是基层思想政治教育充分发挥自身固有优势、大有可为的广阔空间。

基层思想政治教育开辟新渠道的必然要求。信息网络既是广大青年获取信息的主要途径和重要来源，同时也是教育工作创新的重要发力点。随着“网生一代”“拇指一族”深度融入网络空间，信息网络成为对他们进行教育引导的新课堂、新途径，同时也是我们与敌对势力和各种错误思潮争夺青年的新焦点、新战场。当前我国网民中使用手机上网的比例已达98.3%。手机用户的迅速增长，既给人们的日常生活和相互交往带来极大便利，也使受众在无形中养成了手机媒介使用习惯。随着互联网和智能手机的广泛使用，传统教育方法手段必然向网络空间迁移和转型，不能再固守“一块黑板一支笔，一份教案讲到底”的传统模式，应探索走开“互联网+”的路子，有效整合利用“碎片化”实践。比如，党的十九大召开后，抖音短视频平台上推出的一系列正能量满满的作品，由于深受广大受众喜爱而被平台推荐置顶，可以作为很好的教育素材加以利用，既确保了现实话语体系和网络话语体系之间不脱节，还有助于形成多方联动的大教育格局。

基层思想政治教育探索新方式的现实要求。经验表明，教育如果不能做到与时代发展和社会进步同频共振、同步推进，就难免脱轨、脱节，甚至造成一步跟不上，步步跟不上的被动局面。而基层思想政治教育所采用的方法手段，是为完成教育任务、实现教育目的而服务的。我们要重视发挥信息技术的功能作用，跳出组织教育就是“上大课、讲大话”的认识误区，改变“我讲你听、我说你记”的陈旧模式，根据客观条件的变化不断改革创新，特别是对一些经过实践检验成熟有效的应用方式不能“视而不见”，而是要敢于实行“拿来主义”，以时代特色鲜明、喜闻乐见的形式，达到“润物无声”“日用不觉”的潜移默化的效果。我们要深入研究把握特点规律，积极抢占短视频这个新“蓝海”，紧贴思想实际，牢固树立阵地意识、责任意识、使命意识，注重以经典原著、创新理论、党史军史等众多优秀教育资源“抢滩登陆”，最大限度挤压不良信息的生存空间，以先进任务介绍、优秀影视剪辑、革命故事连载等形式为有效抓手传承红色基因、弘扬新风正气。让青年在学习工作之余、休闲娱乐之时通过“刷一刷”也能接受教育，使信息网络真正成为教育工作传统优势的“功放器”和“倍增器”，始终是先进思想传播新阵地、学习成才新平台、精神文化新空间。

二、新时代推进基层思想政治教育方法手段视频化要遵循的主要原则

基层思想政治教育以视频化的方式实现方法手段创新发展，不是简单意义上的平台迁移和模式转移，而是思维理念、工作模式、实践要求等诸多方面的整体性重塑和系统性变革，在这一过程中应注重遵循以下原则。

坚持政治性原则。这是推进思想政治教育创新发展第一位的要求。思想政治教育是党管基层的重要途径之一，不管形式上如何创新，讲政治的原则不能变。特别是青年群体容易受到外界环境的影响，我们要着眼增强广大青年的政治意识、大局意识、核心意识、看齐意识，树牢道路自信、理论自信、制度自信、文化自信，引导他们自觉维护核心、维护权威。由于短视频牵扯元素更多，监管难度更大，视频细节处理更加复杂，传播范围更加广泛，必须做到从拍摄、制作、发布到反馈的全过程、全环节都把政治性原则贯穿其中，防止泛娱乐化、浅表化，甚至低俗化。

坚持主体性原则。思想政治教育要想始终保持生机活力，就必须秉承用户思维，尊重广大青年的主体地位和首创精神，深刻把握新时代人们的思想、心理和行为特点，自觉遵循认知特点和成长发展规律，鼓励他们在思想政治教育中唱主角、挑大梁，开展群众性自我教育。短视频的火爆，源于其去中心化的特点将庞大的用户群体由围观者变成了参与者。比如，抖音的内容生产方式更符合当下流行的UGC趋势，通过技术的赋能、使能与加持，实现以较低的“进入门槛”让每一位“抖友”都能通过抖音APP制作出“专业级”的视频短片，这极大地激发了他们参与的热情和兴趣。因此，我们可以通过鼓励加入相关平台

的“账号森林”等计划，最大限度调动每名受众的积极性，充分发挥他们的聪明才智和首创精神，形成人人参与、共同提高的良好氛围。

坚持时代性原则。思想政治教育总是与一定的社会历史条件相适应，只有搭上时代的快车，才能有效提升针对性和时效性。因此，要紧贴时代发展、着眼新的实践，以此作为开展工作的重要依据和出发点。从发展历程看，1G基本是语音时代，2G是文字信息时代，3G是图片信息时代，4G开启了直播和视频时代。从语音、文字、图片再到视频，每一次传播形式的转化升级都意味着信息承载能力的极大增强，从单纯地听、单纯地看到多种感官同时调用，目前“短视频+”已成为推动内容传播、构建垂直社群和创新商业模式的有效手段，推动互联网行业发生深刻变化。从内容维度分析，随着短视频“流量红利”逐渐消失、“用户分野”日趋饱和，原创、优质的垂直内容必将成为短视频行业关注的重点和广大用户的兴趣所在。因此，不能简单进行改头换面、重新包装，而是要用新的方法手段做好红色基因和优良传统的诠释和传承，充分体现时代特点、彰显时代风采。

三、通过视频化实现新时代基层思想政治教育方法手段创新的实践要求

短视频带来的全新视听体验，强化了思想传播的力量。面对这一信息网络时代的新生事物，要充分释放其中蕴含的思想政治教育功能，不能因循守旧、墨守成规，而要敢于开拓、勇于突破。

突出真实力量。这是思想政治教育的力量源泉。基层思想政治教育无论形式、内容、方法、手段等如何创新和变化，都要注意突出一个“真”字，始终牢记唯一不能变的是真实，唯有思想求实、素材真

实、内容朴实，才能拉近与大众的距离，触及思想、触动灵魂。面对时代变迁、对象变化、环境变换等对教育带来的新挑战，只有用真心才能使基层思想政治教育接实地气、找准穴位、打到点上、激起共鸣。我们要把形式创新和内容真实结合起来，让短视频镜头聚焦基层青年身边人和身边事，通过语言和行为传递最真实的情感，切实把思想政治教育解决现实问题的作用发挥出来。

突出融合要求。创新不是完全意义上的另起炉灶，而是对传统教育方式的继承和发展。把握好对传统的取舍，在创新中的保留，才能顺利实现基层思想政治教育由“旧质”向“新质”的飞跃。短视频的优势在于其顺应了信息技术的高速发展，内容花样繁多、形式直观生动、操作简单便捷，借助算法推荐模式还可以依托平台的大数据分析实现精准化、个性化推送，为有效解决个人的思想问题提供了可能。但是网络承载的过多信息也会极大干扰个人的获取效果，甚至由于传统意义上“把关人”的缺失而造成选择上的困难和迷茫。因此，要竭力避免实践过程中的“单兵突进”，注重与集中授课辅导、网上学习教育、群众自我教育、随机教育启发、专题教育整顿、文化熏陶感染等实现有机融合、互为补充。同时，不能将选择权全部交给算法，要防止产生新的“机器霸权主义”，重视通过人工精选的方式实现有序参与和适度影响，发挥好舆论引导和价值观引领作用。

突出活泼形式。短视频集影视、图文等形式于一身，以音乐为载体，既有利于借助音乐传播促进用户间的互动行为，也有助于通过平台记录，分享评论、点赞等形式，满足用户的社交需求。音乐历来具有鼓舞斗志、激励士气等功能作用，我们可以尝试在相关领域自带的“主角光环”和与生俱来的基因优势为“燃点”“爆点”，适应网络新形式、新业态、新平台的发展变化，坚持从效果出发，灵活使用短视频特有的情感化效果，根据不同的内容和客观条件做到运用自如，充分利用新的载体形式讲好基层故事，不断推出“现象级”的“爆款”作品，争取实现“霸屏”效果。

（原文载《空军军事学术》2020年第1期，吴穹，李晓娇，内容有删改）

高校网络思想政治教育质效提升探究

随着以智能手机为主要媒介的移动互联时代的到来，带有网生代鲜明特征的高校青年学生，更加崇尚指尖生活、日益青睐虚拟表达、越发看重平等交流，习惯借助网言网语张扬个性、彰显价值，借助网络实现全方位互动。因此，应尽快适应网络时代特点，用好、用足网络资源，提升高校思想政治教育质效。高校可从教育理念换代升级、教育内容丰富拓展、教育方式持续优化、教育力量选准配强入手，通过系统性思维、体系化构建、整体性统筹，切实把网络思想政治教育功效发挥出来。

一、着眼推陈出新，推进教育理念换代升级

由于时代发展和技术进步，网络思想政治教育已经超越了仅仅将网络作为教育活动媒介平台和外部环境的初始阶段，网络与生俱来的融合、开放、交互等特点，对教育理念、教育观念产生了潜移默化的深远影响，只有对传统思想政治教育进行能动改造，才能更好地发挥网络优势，打破学生思想上的桎梏。①

借力网络连接实现高效融合。随着移动互联网的飞速发展，高校应着力在网络融合的广度、力度和深度上下功夫，争取达到“1+1>2”

① 王学俭，等. 新时代思想政治教育基本问题研究［M］. 北京：人民出版社，2021：113.

的教育效果。高校要进一步探索构建移动互联条件下，基于智能手机无缝衔接高校、家庭、社会的共育新模式，基于易班网达成院校之间通力配合的协作新方式。通过合理优化布局，适应网络群体圈层化特点，推进思想政治教育在不同群体、不同圈层之间实现网格化管理、组团式服务。

借力开放包容实现兼收并蓄。面对在“入云”“上数”“用智”推动下呈指数级增长的各类网络资讯，思想政治教育要始终保持主动权和先进性，以开放包容的姿态，做到应时而动、顺势而为。高校要紧跟潮流立新，通过紧扣时代脉搏、紧盯时事热点、紧贴学生实际，有效防止自我设计、自我循环、自我检验，尝试打造能够引发“现象级”的“爆款”产品。高校要兼容并蓄存异，积极适应网络传播特点，打破传统的刻板传播模式，不刻意追求步调一致和形式统一，坚持以理服人，以多样化手段弘扬社会主义核心价值观。①

借力全维互动实现多向交互。各类网络平台的社交属性和交互功能日益强大，网络思想政治教育应坚决克服传统条件下我说你听的单向传输模式，努力探索人机、人人、虚实之间的多边交互模式，在交流中增实效、在互动中寻突破。教育平台选取要聚焦满足个性化需求，在充分发挥学生能动性、创造性、自主性的过程中不断激发教育潜力。教育活动组织要坚持以学生为中心，实现多元主体平等交流、共同进步，要敏锐捕捉技术发展趋势，推进前沿性、先导性技术成果与思想政治教育深度融合，推广 VR/AR 技术，拓展实景教育、体感教育、沉

① 戴艳军，王嘉．思想政治教育原理案例分析［M］．北京：中国人民大学出版社，2018：148.

浸教育，不断增进教育智能化程度。①

二、着眼常讲常新，推进教育内容丰富拓展

思想政治教育内容需通过不断调整优化来适应时代特征、体现时代特点、彰显时代特色。因此，网络思想政治教育要坚持赋予传统内容以全新形式，确保始终与时代同步、与工作合拍、与学生共鸣。②

与党的创新理论同步，推进理论传播。网络思想政治教育，首先，高校要以习近平关于党的宣传思想工作的一系列重要论述为方法论指导，用习近平新时代中国特色社会主义思想武装头脑、指导实践、推动工作。其次，高校要通过深入扎实抓好网络条件下理论教育的常态化、长效化和生活化，切实把当代中国马克思主义和21世纪马克思主义讲深、讲实、讲透，推动党的创新理论武装往深里走、往实里走、往心里走。

与中心任务同频，突出为战特色。为党育人、为国育才是高校教育的核心指向，思想政治工作必须服从于这一中心工作。首先，高校要做到紧贴中心，围绕中心来设置教育内容，把教育推进到一人一岗，融到学习工作间隙。其次，高校要积极适应新体制新职能新变化，厘清自身职责定位、找准施教目标方向，采取线上线下相结合的方式，全面打造一进校门就融入立德树人的浓郁氛围，全力引导学生树立良好的世界观、人生观、价值观。最后，高校要做到与学习同频共振、与日常工作结合渗透、与文化活动相得益彰，依托社交媒体平台、智

---

① 奥恩．教育的未来：人工智能时代的教育变革［M］．李海燕，王秦辉，译．北京：机械工业出版社，2018：102.

② 中共中央国务院印发《关于新时代加强和改进思想政治工作的意见》［N］．人民日报，2021-07-13（1）.

能手机 APP、触摸终端等新兴载体，把“大讲堂”办起来，把活动搞起来，把热情激发出来。

与学生思想同向，实现分类分级。网络思想政治教育，首先，高校要更加注重突出重点，把握遭遇挫折、取得进步、人生转折、受领任务等时机，让教育贴近兴趣点、解读困惑点、找准共鸣点，真正让学生说话有分量，教育能“点单”，活动能策划，切身感受到“当主人”“唱主角”的光荣感和归属感；其次，高校要转变模式，打破“大锅饭”、推行“分餐制”，针对不同年级、不同类型、不同专业学生的认知特点因材施教，突出解决好“吃不到”“吃不饱”“吃不了”等问题，不断激发为党、为国干事创业的磅礴力量和火热激情。

三、着眼耳目一新，推进教育方式持续优化

高校要全面贯彻新时代教育方针，着眼培养德才兼备的高素质、专业化新型人才，改进思想教育方法手段，深化向网借力、上网发力、用网聚力，在优化网络思想政治教育方式方法上做到标准更高并走在前列，走网络条件下用网组教、以网施教、借网评教等新路子。

借助大数据实现精准化。学生的各类网络活动无时无刻不在产生大量数据，网络思想政治教育更是如此。高校要积极探索在合法合规前提下对相关数据加以挖掘利用的有效途径，推动教育方式从“漫灌式”转为“靶向式”，不断提高针对性和实效性；要善于借助大数据甄别海量信息，去伪存真、去粗取精，有效融汇互联网中的优质资源；要利用网络调查，收集分析学情数据，研判学生思想、心理、行为等阶段性特征和长期演化趋势，抓住堵点、痛点、发力点来制订教育计划、确定教育方法。科学编制教育效果评估的量化指标，采集教育过

程中多空间、多场景、多时段、多过程的数据，探寻教育数据与教育效果之间的内在关联，通过评估数据辅助调整教育决策，打通抓教管教的闭合回路。

借助全媒体实现泛在化。高校要准确把握时代脉搏，拓展“泛教育”模式，让学生通过全员媒体、全时媒体、全息媒体、全效媒体实现时时处处受教育、潜移默化增才干；要全程加强引导，全媒体时代，各类传播技术应用带给了受众更为广泛的认知体验，既要加快新兴媒体建设步伐，更要加大主流媒体升级力度，通过覆盖广泛的媒体矩阵正确引导青年激浊扬清、坚守本心；要全域强化监管，深化与地方网监部门的协作，建立健全泛在网络环境信息管理机制，推动网络信息内容生态治理不断优化、网络空间日渐清朗；要全员一体联动，按照“大思政课”的思路，推动构建以学生为主体，各级管理干部、思政课教师和专业课教师共同参与，政治理论教学主课堂、网络新课堂、社会大课堂相互配合，各主流媒体平台之间有序互动的教育体系。

借助新技术实现智慧化。首先，在顶层规划上成体系。高校应按照“一网集成、一图识别、一键掌控”的建设思路，集纳现有成熟技术，完成系统升级、数据整合、资源共享，将原有单一功能指向的软件设备，集成为综合化网络思想政治教育支撑平台。其次，在环节关口上重效益。高校应着眼实现网络思想政治教育平台通用共享、数据充分挖掘、信息互联互通，构筑多维立体兼容体系，打破内部数据孤岛、联通壁垒，打造具有教育信息处理能力和教育决策支持能力的智慧化网络思想政治教育平台。最后，在末端功能上谋深入。高校应充分运用网上教育资源、互动交流平台、智能分析系统，依托电子信息交互设备终端，通过全面参与体验、全时交流传播、全维智能分析，满足青年学生的个性化需求。

四、着眼守正创新，推进教育力量选准配强

纷繁复杂的网络思想政治教育任务，愈演愈烈的网络意识形态领域斗争，教育主体客体化和教育客体主体化的网络思想政治教育双主体演化趋势，对能用网、会用网、善用网的教育力量的需求日益凸显。切实抓好队伍建设这个关键所在、聚力建强网络思想政治教育主体力量，是推进高校网络思想政治教育又好又快发展的必然要求。

以优选把好入口关。目前在网络基础设施建设、网站系统开发及管理维护、网络思想舆论引导等方面，还存在较大人才缺口，特别是懂网络却不懂教育、懂教育却不懂网络的问题仍比较突出。首先，探索转变选拔模式。高校应尝试采取从地方引进、依托院校联合培养等方式，积极引进地方网络思想政治教育方面的专业人才，破解智力、科技和人才支持等难题。其次，加大双向交流力度。高校应用好岗位选调、专家聘任等途径，挑选政治思想强、综合素质硬、专业素养高的优秀教职员工充实高校网络思想政治教育队伍，结合工作需要让高校老师到基层代职任职、到网络管理部门和互联网公司参观学习，以有序流动集聚人才队伍发展后劲。

以强训把好培养关。准确把握党中央的方针原则，采取多方联合、主辅兼修的方式，做好网络思想政治教育人才培训。首先，注重送出去。高校应主动与有资质的单位建立协作关系，帮助教师拓展思路眼界、提升知识层面、重塑知识结构、启发创新意识，不断提高网络条件下教师的组教施教能力。其次，注重压担子。高校应做到身沾尘、脚沾泥，坚决摒弃坐而论道、崇尚空谈，坚持转改作风，鼓励教师主

动参加大项任务、潜心钻研育人本领，培养教师应用网络开展教育的应变能力和实践能力。

以善管把好使用关。建立健全相应制度机制，是确保形成人才用得畅、留得住的必要举措。首先，做到统筹谋划。高校应注重眼前和长远、静态和动态、定性和定量的结合，将网络思想政治教育人才培养纳入高校教职队伍建设全局统筹谋划，确保人尽其才、才尽其用。其次，做到激发动力。高校应注重从政治上、思想上、生活上关心关爱关注人才，针对网络思想政治教育自身特点规律，优化激励机制和评奖条件，真正让想干的有机会、能干的有平台、优秀的受表彰。

（原文载《海军学术研究》2022年第6期，吴穹，谢晋源，内容有删改）

全媒体场域网络意识形态面临的风险及对策

全媒体场域下，网络意识形态工作具有新特征，迎来新机遇，也面临新挑战。认清全媒体场域下网络意识形态新变化，掌握特点、把握趋势、探寻机制，进而研究制定有效推进工作的新举措，推动传统优势与信息技术深度融合，让大屏小屏一体联动，使红色基因在方寸之间有序传承，对于始终做到在党的旗帜下立德树人具有重大现实意义。

一、深刻把握全媒体场域的特殊性质

全媒体是整体性概念，可以进一步细分为全程媒体、全息媒体、全员媒体、全效媒体，作为一种全新的传播载体和传播形态，推动舆论生态、媒体格局、传播方式发生深刻变化。

全程媒体拓展空间范围。各类媒介深度融合带来网络无人不入、无处不在、无时不有，极大突破了信息传播的时间尺度和空间向度，个体可以在任何时间、任何地点交互信息。同时传播方式的技术特性决定了传播过程中每个节点都是透明的，能够长时间保持信息的本源性，甚至可以穿越时空壁垒，突破传统条件下难以跨越的时空阈限。

全息媒体改变呈现方式。图片、文字、视频、VR、AR 等诸多媒介形态边界消弭，拓展了信息呈现的物理模式，促进了虚实空间的交互融合，信息内容变得更加多维立体，特别是万物皆媒带来的技术化特征，让承载其上的信息更加准确、全面、丰富、多样。

全员媒体革新组织形式。多元主体共同参与信息生产，改变了自上而下的信息传播秩序，人人都可以是信息的生产者、传播者、接收者。传统交互不足的单向传播让位于多维多向的交互传播，模糊了传播者和受众之间角色分野，也拉近了二者间的距离，真正实现了自由沟通交流。

全效媒体丰富传播样式。着眼达到传输效率、传播效果、传媒效能三位一体的最优化，合理组合利用现有资源，推动信息传播功效突破功能尺度、信息内容生产实现智能驱动、信息汇聚实现海量全面，切实提升信息生产、传播、接收的全流程全维度效能，有效强化网络意识形态传播效果。

二、充分认清全媒体场域下网络意识形态风险

信息网络技术自诞生以来，极大地改变了人们的交流交往方式，也增加了维护网络意识形态安全的难度。以大数据、5G、云计算、物联网等为代表的新一代信息技术，更是对信息传播和舆情演化带来颠覆性影响，特别是在信息无处不在、无时不有、无所不包的全媒体场域中，网络意识形态社会属性与技术属性的对立统一更加鲜明，引发了迥异于过往的新风险、新挑战。

管控难度加大。网上各类信息泥沙俱下、鱼龙混杂，大众在获取信息时往往很难分辨并做出清晰判断，再加上有极少数人为增加热度、博取眼球而刻意歪曲事实，导致舆论导向难把控。信息传播技术的迭代升级，造成信息验证与信息接收之间产生严重时差与势差。网络舆论发酵常态化超越核真阶段，导致信息真伪难把控。网络空间是全人类共同的活动空间，不同国别、不同地域、不同民族相互交流，民族

文化、国家文化、区域文化日渐融合，多种价值观不断交流、交融、交锋，各种敌对势力一直企图制造“颜色革命”，千方百计在思想上、政治上搞乱我们，导致价值导向难把控。

形态离散多元。人们的观念、观点一般随着人们的生活条件、社会关系、社会存在的改变而改变。万物互联时代，普通网民通过不同媒介接收信息的同时也获得了相应发声渠道。与此同时，网红文化、饭圈文化、佛系文化等网络亚文化蓬勃兴起，拜金主义、物质主义、消费主义、自利主义等错误价值观念大行其道，诱发网络意识形态传播的机制性变化。

圈层彼此独立。网络空间“再社会化”所造就的不同圈层，涵育了内部相对独特的信息交互和价值聚合形态，不仅影响网络意识形态的传播方式和效度，也通过对伦理道德、价值观念和思想文化的传播与塑造，重塑了意识形态认知和认同逻辑。圈层存在的隐蔽性，其内部因自我繁殖、自我生长形成对外封闭的内循环，加大了主流意识形态引领的难度；圈层群体的排他性，导致圈内网民被带有选择性、针对性的信息“过滤泡”“信息茧房”包裹起来，加大了主流意识形态渗透的难度；圈层内容的极端性，造成网民观点在反复强化、反复震荡中趋于一致并不断极化，可能与主流意识形态产生某种程度的偏离甚至对立。

三、积极应对全媒体场域下网络意识形态风险

网络已是意识形态斗争最前沿和意识形态交锋主战场。想要建设具有强大凝聚力和引领力的社会主义意识形态，必须牢牢掌控全媒体场域这个网络意识形态工作的基本依托。这直接关系着我国的意识形

态安全和政权安全。因此，坚持马克思主义在意识形态领域的指导地位，有助于强化网络空间的主流意识形态认同，持续增强主流意识形态影响力，在争夺阵地、争夺人心、争夺群众的斗争中赢得主动。

优化传播格局。紧扣全媒体场域蕴含的全程、全息、全员、全效的特点加强谋划，推动传播格局紧跟技术发展趋势实现守正创新。拓宽国际视野，唱响中国好声音，加快构建体现中国特色、时代特征的话语体系、叙事体系，讲好中国故事，展现真实、可信、立体的人民形象，切实增强文化软实力。统筹国内传播，构建适应全媒体场域下的新型传播矩阵，着眼资源集约、协同高效、方式创新、内外联动，整合各类资源、融汇多种途径，集中力量做优主平台、拓展主渠道、做强主账号。融合线上线下，优化一体传播新模式，打通网上网下两个传播节点，整合多种传播范式，打造网络意识形态领域精锐传播力量。

强化生态治理。坚持源头治理、系统治理、综合治理，推动互联网这个最大变量转变为促进事业发展的最大增量，实现网络空间风清气正。特别是积极发动大众参与其中，充分尊重他们的主人翁地位和首创精神，持续激发主动性、积极性、创造性，不断浓厚人人重视、全员参与的良好氛围。筑牢技术防线。网络意识形态与大数据、人工智能、5G 等新技术的迭代更新密不可分。做好网络意识形态工作，要注重强化技术主导的思维，促进传统媒介与新兴媒介优势互补、相互交融，着力打造形态多样、手段先进、具有竞争力的新型主流媒体。加快现有“三微一端”等平台整合，全方位、多层次、多声部“发声”，推动主旋律正能量立体传播。

建强人才队伍。健全人才培训机制，优化人才队伍结构，防止出现懂意识形态却不懂全媒体、懂全媒体却不懂意识形态的尴尬情况。

把更多熟悉网络意识形态工作、熟悉全媒体运作和传播规律的人充实到关键岗位、发挥关键作用。优化人才福利政策，帮助他们解决后院、后路、后代等问题，畅通成长成才的渠道和空间，让人才队伍的活力动力充分释放。

（原文载《基层政治工作研究》2023年第4期，陶果，吴穹，内容有删改）

基于算法的网络意识形态治理三重维度

算法推荐视域下，网络意识形态传播呈现迥异过往的鲜明特征：传播途径便捷化，颠覆了传统传播范式，使网络意识形态传播速度更为快捷、传播态势更难监控。传播内容泛在化，网民意见表达门槛降低，导致网络意识形态影响日益广泛、溯源越发困难。传播受众圈层化，横亘在不同群体之间的传播壁垒，给主流意识形态破壁、规正、引导带来挑战。针对上述变化，网络意识形态治理要坚持守正创新，整合算法推荐技术优势与传播内容根本优势，拿出具体措施办法。

一、算法赋能：探索网络意识形态治理智能化模式

随着网络信息流转方式与呈现方式的变化，网络意识形态治理衍生出主体多元化、客体全民化、范式易变化、时效快速化、空间多维化等特色。网络意识形态治理要注重树立新理念、借助新手段、寻求新途径、走开新路子，以高效的算法推荐引领主流价值。

以大数据共享整合多元化治理主体。积极走好网络群众路线，依靠算法有效桥接多元化治理主体，推动形成综合治理的强大合力。通过算法实现对海量结构化数据、非结构化数据和半结构化数据的汇聚整合和关联分析，进一步整合人力资源、硬件资源和信息资源、消除信息壁垒、避免数据重复传输和无效传输，促进多元主体间的深度对话与合作，有效打破时空限制，推动构建协同治理和深入互动的全域

体系。

以个性化定制适应全民化治理客体。网民行为数据化呈现是网络传播的鲜明特点，也是算法能够发挥作用的底层逻辑。面对因网民知识水平、认知能力、生活地域的差异性诱发的圈层化壁垒，网络意识形态治理要聚焦“圈层破壁”，基于对内容、时间、空间等不同维度网民数据的数字化分析，个性化定制多维度立体推荐模型，打通价值输送、圈内互动、圈际交流三位一体的治理链路，利用定向推送实现主流价值的分众化传播。

以算法可封装特性契合多变化治理范式。可封装意味着不必关心算法内部细节而只需关注最终实现的功能。这有助于在各个网络意识形态治理主体之间实现模块化共享和多模块对接，建构以主流媒体为关键、相关公众号为重点、个人自媒体账号为基础的媒体矩阵，树牢以法律法规约束为底线、网络道德伦理规正为基础、网络思想政治教育为手段的治理理念，从而依据网络意识形态变化即时调整治理范式。

以高性能计算优势支撑快速化治理时效。当前，网络意识形态的演进、演化已经在某种程度上做到了实时化，因此传统“按部就班”“见招拆招”的治理方式往往难以有效应对。算法推荐视域下，并行分布处理、云计算、边缘计算等借助超级计算机、大型服务器等工具，使得短时间内处理海量数据成为可能，能够对虚假消息、负面舆论和消极价值观及时进行处理，进而极大提高治理效率、缩短治理时间。

以算法嵌入式特征融入多维化治理空间。AR、VR、MR 等新一代信息技术的发展和“元宇宙”概念的兴起，打破了网络世界与现实空间的固有边界，推动二者逐渐呈现相互融合的新形态。在此背景下，网络意识形态治理维度逐渐向现实空间拓展，寻求多维全域的治理形态。算法嵌入式特征使万物互联成为可能，适应了网络意识形态“升维”趋势和全域治理需求，借力人与人、人与物、物与物的算法网络，有助于实现全维空间治理。

二、算法赋权：强化网络意识形态治理能力

算法虽然表面上不直接承载意识，但在相当程度上规定了人对世界的感知及其自由度、框定了人的视界，不仅深刻影响自我认识与呈现，而且渗透到日常生活空间中，甚至会因为有意或无意的信息植入，而具有意识形态的属性。算法赋权能够有力强化网络意识形态的主导权、管理权、话语权。

强化网络意识形态主导权。作为当前意识形态斗争的最前沿，掌握网络意识形态主导权就是守护国家的主权。算法通过数据整合、决策分析、具体执行，确保分众化网民接收信息的种类、频率、时段、形式符合主流意识形态规范，多元化治理主体借助算法赋权并驯化算法，以决定算法的应用方式和发展方向进而确保算法向善，实现工具理性与价值理性相统一，在职责范围和制度框架内增强网络意识形态治理的主动性和权威性，由此形成的有机耦合态势壮大了主流意识形态的声音。

强化网络意识形态管理权。互联网不是法外之地。强调管理权，不是说网络空间只能有一个声音、一个调子，而是不能搬弄是非、颠倒黑白、造谣生事、违法犯罪，更不能超越宪法法律界限，要在遵循网络传播规律的前提下，积极用好新技术、新手段应对新风险、新挑战。网络部门等治理主体可以采用流量监控、关键词提取、图像识别等算法技术，实现对可能诱发网络意识形态风险的异常网络舆情进行

监控、审查和预警；运用关键词屏蔽、禁言封号、批量删帖等手段切断不良信息传播渠道来净化网络空间。

强化网络意识形态话语权。在抵御各种腐朽意识形态侵蚀的过程中，积极应对不同网络话语交锋，必须坚持以立为本、立破并举，不断增强社会主义意识形态的凝聚力和引领力。算法可以对网络空间中各种社会思潮产生的数据痕迹进行分析、监测和把控，进一步根据量化分析结果把握和揭示错误思潮的实质和危害，将不良影响置于可控范围之内，防止因指数级传播而造成极其恶劣的社会影响，并通过数据溯源，对源数据生产者进行法律制裁，最终从根源上切断传播链条。

三、算法赋责：构建网络意识形态治理智慧化机制

网络意识形态治理，关键在于主动把握互联网发展大势，坚持正能量是总要求，管得住是硬道理，用得好是真本事。通过算法赋予治理主体更多社会责任和治理责任，构建预警、应急、保障等多位一体的治理机制，加速实现智慧化治理。

构建基于“算法 + 数据”的预警机制。通过广泛使用画像技术、流量监控算法、内容审核算法，将人工审核和算法审核相结合，借助算法开展各种嵌入式系统的数据共享和综合处理，针对“上网留痕”进行动态监控，将“无形”的危险有效转化为“有形”的数据和指标，及时分析研判数据中蕴含的潜在威胁，以算法整合线上线下数据，有效预测行为并提前预判可能风险。

构建基于“算法 + 模型”的应急机制。作为网络意识形态治理的重要方面，发端于特定事件的网络舆情往往在一定范围内引起广泛关注，并衍生出各种错误和消极言论。要对网络舆情进行整体性分析，以算

法遍历寻找敏感易发的关键节点，编制最优处置方案，构建“发现—反应—处理”链路，定向、全面、持续推送主流观点，对负面信息加以澄清，及时疏导煽动性的言论，在最短时间内有效化解网络舆情危机。

构建基于“算法+管理”的保障机制。处在完备科学的管理之下，算法才能发挥作为技术手段应有的作用。网络意识形态相关治理主体要坚持道德约束与法律约束相结合，借助网民对主流意识形态的价值认同，从根本上解决问题；要坚持技术手段与非技术手段相结合，推动机器审核与人工审核、智能决策支持系统与专家系统、内容调度与人工选择融为一体，通过制度、技术、观念、手段共同发力，不断提高网络意识形态监督和治理质效。

（原文载《基层政治工作研究》2023年第4期，黄彦龙，内容有删改）

以算法推荐技术赋能网络舆情引导

随着算法推荐技术应用对网络信息流动方式与呈现方式的全方位改变，网络信息传播路径得到了全链路再造。着眼将互联网这一“最大变量”转化为“最大增量”的现实需要，通过采取有效措施将其在主流价值引领方面的潜力充分释放出来，是网络舆情引导创新理念、开拓途径、不断满足用户对信息需求的题中之义和必然要求。

一、应用算法推荐技术创新网络舆情引导理念

应用算法推荐技术实现的有效信息分发，能够在一定程度上减轻网民自身的信息筛选压力，为创新网络舆情引导理念提供全新视角。

基于定向推送的精确理念。定向推送是全媒体时代应用最为广泛的信息获取方式。网络话题往往自带舆情热点，具有政治敏锐性强、关注度高、传播扩散快、监督管理难等特点。在引导过程中，应当紧贴网民用网习惯的变化，适应上网工具从个人电脑到智能手机的改变、上网渠道从浏览器网页到手机客户端的改变、获取方式从“人找信息”到“信息找人”的改变，牢固树立基于客户端的定向推送理念，通过算法推荐技术实现用户需求与引导目标的精确匹配和有效连接，最大限度减少无效传播和资源浪费，切实增强网络舆情引导质效。

基于用户画像的个性理念。“大水漫灌”式的无差别信息传播理念已经无法适应数量庞大、成分复杂的网民群体，面对个体注意力稀缺

性和信息资源无限性的矛盾、个体信息接收碎片性和舆情引导时效性的矛盾、个体判断能力差异性和引导目标同一性的矛盾等新情况、新问题，客观上要求网络舆情引导树立“精准滴灌”的个性化理念，以网民“上网留痕”等网络使用行为数据为依据，尝试构建用户特征库并动态完善记入用户模型的兴趣点规则，提炼用户标签体系并生成优化用户模型，从而为应用算法推荐技术实现差异化信息推送夯实基础，推动网络舆情引导由“全面覆盖”变为“靶向施策”。

基于效果洞见的反馈理念。及时准确的舆情引导效果获取，是评估调整舆情引导策略的重要参照，也是构成网络舆情引导闭合回路中不可或缺的重要一环。由于网民信息发布意愿的高度自由性、发布技术的低门槛性和发布过程中的相互影响性，交互叠加各网络媒体在影响力、公信力、感染力、持久力、亲和力等方面的差异性，导致舆论引导效果评估兼具瞬时性和复杂性。应用算法推荐技术，能够基于信息在网络中的传播轨迹和网民的实时反馈数据，在“自我学习”与“自我进化”中不断实现自身的迭代更新与优化升级，从而有效地在信息迷雾中“拨云见日”，有助于网络舆情引导效果在各种纷繁复杂的信息反馈中清晰显现出来。

二、算法推荐技术开拓网络舆情引导途径

算法推荐技术有效沟通了大数据技术和人工智能技术，有助于实现虚拟空间与现实空间的双向互动，畅通主体在场与离场的具身界限，超越应对与回应的传统范式，这为网络舆情引导提供了实践转向这一全新思路。

实现虚拟与现实的双向互动。AR、VR 技术的不断发展和“元宇宙”

概念的兴起，导致现实世界和虚拟世界的边界日益模糊。虚实空间边界的渐次弥合使得穿梭其中的网民个体不能仅从单一空间的角度来片面度量和施加影响。具体到网络舆情引导实践，在媒体传播中应用算法推荐技术，有助于更好地实现传统媒体与新兴媒体的交叉融合，高效打造全媒体矩阵，实现对舆论的全维度引导；在虚拟个体构建中应用算法推荐技术，有助于更好地将现实世界的法律约束、伦理批判和网络世界的行为规范相结合，实现对个体的全空间约束；在圈层分析中应用算法推荐技术，有助于统合线上朋友圈与线下交往圈，实现效果的全方位彰显。

畅通在场与离场的具身主体。在具身传播概念中，网络作为链接媒体，作为“人的延伸”[①]，有助于增强传播中的现场感，甚至模糊在场与离场的边界。很多网民虽然出于情感上的内在驱动激发了他们对于网络中涉党、涉政、涉军信息的浓厚兴趣，但对真实情况的一知半解又导致他们难以分辨其中的真假，甚至在追捧、点赞与转发当中成为一些负面信息传播的重要推手。应用算法推荐技术，有望在一定程度上消弭在场与离场之间的客观分野，让网民也能够获得近似真实的体验，从而有效提高对虚假信息的辨识力。

超越应对与回应的范式转换。“基于当下媒体环境，人民网舆情监测室提出了‘黄金4小时原则’，体现的是应对网络突发舆情的及时性。”事实上，网络舆情引导不能只盯着4小时用气力，而是应该在长效机制上下功夫。我们要构建基于算法的舆情氛围营造范式，坚持党在意识形态的领导权，抓住社会主义核心价值体系培育这个根本，扭住思想政治教育这个关键，强化公民文明素质养成这个基础，综合运

① 马歇尔·麦克卢汉．理解媒介［M］．南京：译林出版社，2019．

用生成合成、个性化推送、排序精选、检索过滤等各类算法，在首页首屏、热搜、精选、榜单类、弹窗等重点环节积极呈现符合主流价值导向的信息，使主旋律更加响亮，正能量更加强劲。构建基于算法的异常舆情监控范式，将人工审核和算法审核相结合，形成全时段、多渠道、深层次、宽领域的监控体系，确保能第一时间感知舆情苗头、第一时间分析舆情势头、第一时间溯源舆情源头。构建基于算法的舆情危机处置范式，参考以往舆情引导处置流程，设想所有可能的情况，依托数学建模和模拟算法，编制最优处置方案，确保舆情危机后发生能够瞬时做出响应、及时反馈进展、即时调整方案，在最短时间内实现有效控制。

三、算法推荐技术提升网络舆情引导质效

在网络舆情引导中用好算法推荐技术，要做到深刻理解作用机制，深入创新运用场景、深度拓展内在功能，通过平台破壁丰富引导手段、价值承载内嵌引导功能、内容定制强化引导效果，不断提高引导质效。

通过平台破壁丰富引导手段。网民个人兴趣爱好、文化水平、接受能力、价值观念等方面差异性的客观存在，是网络传播圈层化产生的重要因素。由于网络舆情引导的目标是网民整体，客观上要求不能通过一种手段“包打天下”，必然做到“破壁出圈”。要强化内在驱动力。整合全网海量舆论信息为破壁提供数量临界，筛选符合引导要求的舆论产品为破壁提供内容保障，确认内涵承载正面价值的舆论信息为破壁提供文化认同，优化传播市场吸引社会资本跟进为破壁提供资本嵌入，通过“数量临界、知识生产、文化认同、资本嵌入”[①]等条件的综合运用实现破壁。要强化圈际吸引力。通过算法技术的有效应用，

① 刘明洋，李薇薇．“出圈”何以发生？——基于圈层社会属性的研究［J］．新闻与写作，2021（6）：5-13.

找寻不同圈层之间的最大公约数，降低圈层之间的排他性，通过弱化壁垒、同化文化、强化认同，使不同群体在潜移默化中共同沐浴在正面舆论和主流价值观的影响之下。

通过价值承载内嵌引导功能。网络舆情引导是一项长期的工作，不能指望“毕其功于一役”，而是要绵绵用力、久久为功，将关键节点的正面宣传和长期潜移默化的舆论熏陶相结合，筛选推送主旋律和正能量题材的舆论产品，营造覆盖全网、全民、全平台的良好舆论生态环境，与报刊版面、广播电台、电视荧屏形成良性互动，打造“一个舆论场”。综合运用内容去重、打散干预等算法推荐策略，不断优化检索、排序、选择、推送、展示等算法规则的透明度和可解释性，让网络舆论凝心聚力、澄清谬误、明辨是非等功能充分发挥出来，切实强化广大网民的价值认同，并进一步转化为团结奋进的磅礴伟力。

通过内容定制强化引导效果。无论传播技术如何发展进步，传播形态与媒介环境如何丰富变换，“内容为王”始终是不变之道，网络舆论引导归根结底要靠内容发挥作用。但传播技术的不断创新使网民对内容品质提出了更高要求，从博客到微博，从弹幕视频到短视频，要求人们适应生活节奏日益加快带来的“碎片化”需求，表现形式在时长上被逐步压缩，然而时长缩短并不意味着内容缩水，而是要尽力在单位时长中呈现出更优质、更精华的内容。通过应用算法推荐技术，结合对网民群体的筛选分类来定位“兴趣点”、捕捉“兴奋点”、打通“结合点”、把握“平衡点”，最大限度让定制化的舆论引导信息能够契合网民信息需求，争取一经推出即成为“爆款”，甚至引发“现象级”传播。

（原文载《军事记者》2022年第2期，黄彦龙，吴穹，部分内容有删改）

全媒体场景下面向“Z世代”的国际传播路径

党的二十大报告明确指出，“加强国际传播能力建设，全面提升国际传播效能，形成同我国综合国力和国际地位相匹配的国际话语权”[①]。“Z世代”（Generation Z）是盛行于西方的名词，沿袭了西方“X世代”“Y时代”的说法。《牛津生活字典》将“Z世代”的年龄范围划定为“在21世纪第二个十年达到成年的一代”，人口数量约为12亿。这一群体与互联网相伴共生，深受网络媒体影响，被喻为“移动互联网原生代”，他们参与意识强，善于以兴趣为连接打造垂直圈层，在思想、行为和偏好方面都呈现鲜明特征，前所未有地增强了国际传播影响的深度和广度。全媒体场景下，要提高国际传播力，就要善于把握“Z世代”群体的显著特点，积极建构并持续优化面向“Z世代”的国际传播格局，从而使主流声音更加响亮、价值更具认同、形象更加立体呈现。

一、全媒体场景下“Z世代”的主要特征表现

“Z世代”在成长历程中与数字信息技术、人工智能、AR/VR等媒介技术接触频繁。全媒体场景潜移默化地改变了他们的思维方式、行为方式、交往方式，自带网络基因的他们在主动或被动适应外部媒介的过程中，逐渐表现出迥异于其他世代、其他人群的习惯和特征。

① 习近平．高举中国特色社会主义伟大旗帜 为全面建设社会主义现代化国家而团结奋斗：在中国共产党第二十次全国代表大会上的报告［M］．北京：人民出版社，2022：46.

着眼追求猎奇尝鲜突出守正创新。“Z 世代”普遍对未知领域有强烈的探索欲望，特别是对自身比较感兴趣的事物，更是积极借助网络工具进行资料检索、信息搜集和探究学习。但这种猎奇尝鲜心理在叠加了网络时代碎片化信息获取方式之后，往往造成他们兴趣点频繁转换并在社交平台之间时常迁移的现象，以此实现所谓“潮玩”和新奇的上网体验。因此，面向“Z 世代”的国际传播要借助全媒体达成内容与形式上的守正创新，应持续吸引并尽力保持“Z 世代”的注意力。

着眼追寻圈层群聚实现破壁出圈。“Z 世代”更喜欢同能够“玩到一起”的朋友相互交流，突破年龄、身份和其他固有标签的共同兴趣成为圈层“黏合剂”，因此，共同关注的信息在圈内传播时会产生“爆炸效应”，并借助讨论、转发带动热点事件迅速发酵，产生指数级增长速度的“现象级”传播。但圈层化特性也会造成圈内外信息彼此交互出现困难，使同质化传播内容难以取得较好的效果。因此，以全媒体寻求各圈层之间的最大公约数，实现破壁出圈是国际传播需要关注的重要问题。

着眼意见领袖强化“中心辐射”。对“Z 世代”来说，热门博客、微博大 V、头部微信公众号等网络意见领袖的影响力不容忽视。作为网络虚拟空间的活跃分子，他们具有较高的媒介触达率、使用率和曝光率，能够在网络场域中形成“优势意见”，以及由此衍生出的引导力、解释力、传播力和影响力，对“Z 世代”施加巨大思想影响，进而推动形成特定的意识形态认同。因此，在“去中心化”的全媒体传播环境中借助意见领袖实现“中心化”辐射作用是国际传播的重要样式。

着眼追踪社会热点凸显朋辈影响。“Z 世代”身处高速发展的全球化进程之中，切身体会到了国际政治稳定与世界经济繁荣所带来的优渥条件，他们与世界联结的紧密度及对国际事务的关注度较高，国际视野宽广、国际交流广泛，对信息的需求也更加多元、多样、多维，"平视世界"的他们往往热衷于在社交平台上讨论热点、阐释观点、输出见解。"Z世代"自主建立并面向自身群体的各类媒介在国际传播格局中也发挥着重要影响。因此，全媒体场景下国际传播，要注重发挥"Z世代"重要作用。

二、全媒体场景下面向"Z世代"的国际传播主要策略

在移动设备、大数据、传感器、社交媒体、定位系统等技术的赋能与加持下，全媒体场景除了营造出沉浸式的"在场感"，还具有更加丰富与系统的互动，由此带来的时空界限消弭、线上线下勾连和虚实空间互通，为提升面向"Z世代"的国际传播效能提供了现实抓手和发力重点。

以促进全域传播拓展传播范围。面对移动互联、元宇宙等传播新样态和"Z世代"碎片化、移动化的信息接受习惯，单纯依靠数量有限的主流媒体进行国际传播远远不能满足需求，需要整合数量庞大的自媒体，催生"Z世代"群体自身蕴含的强大传播能力。全媒体场景下，信息资源无限性和注意力资源稀缺性之间的结构性矛盾及内在张力的存在，也决定了国际传播要摒弃受众群体趋向传播者这种"人找信息"的传统传播范式，转而寻求"信息找人"这种传播者趋向受众群体的全新传播方式。通过应用算法推荐、用户画像、数据驱动、深度合成等技术不断发掘个性化、定制化的传播场景，进而打造全域多维的国际传播格局。

以群聚桥接兴趣遴选传播内容。作为社交群体的具体形态之一，拥有相同或相似信仰、价值观、生活喜好的"Z世代"往往借助互联网

平台，通过自主选择聚合为网络圈层。各圈层都会在流经圈际的网络信息中选择契合本圈层评判标准的内容，入圈信息经过圈内多次加工再造和相互映射，又会诱发新一轮传播，这种特性有望成为国际传播的“功放器”。我们可以通过寻求“Z世代”共有的兴趣价值，以此为着眼点定位目标圈层，以趋同价值内核辅以多种传播元素，从而在“入圈”“出圈”过程中，有效突破差异化文化背景这一国际传播固有藩篱，实现立体差异化表达和价值相似性塑造。

以话语推陈出新丰富传播形式。短视频、“二次元”是“Z世代”喜爱的传播载体，推动面向“Z世代”的国际传播，要以话语为媒介，通过新颖活泼的形式传播正能量，用灵活表达代替刻板说教，用讲故事代替讲道理，用隐性熏陶代替显性灌输。以多维角度促进“Z世代”群体价值认同，以平等、诚恳的态度实现双向对话、双向沟通，善于倾听“Z世代”的心声和见解，尽力超越横亘在不同语言文化之间的障碍，消弭不同地域、不同国别受众群体对同一传播产品可能产生的偏见、错误理解，最终形成情感共鸣与价值共鸣。

以直击时事热点提升传播效率。全媒体的广泛性、普及性、即时性，为“Z世代”群体观点碰撞与表达带来极大便利。要着眼他们所关心关注的时事热点，讲好党领导下中国建设发展的伟大故事，尽力扭转西方长期以来的负面宣传对“Z世代”造成的错误认知，彰显世界和平建设者、全球发展贡献者、国际秩序维护者、公共产品提供者的良好形象。

三、全媒体场景下面向“Z世代”的国际传播主要路径

面向“Z世代”的国际传播，要着眼全程、全员、全时、全效，推动线上传播和线下传播、宏大叙事和个人叙事、意见领袖和广大网民、

快速响应和持续关注等实现有机结合。

线上传播和线下传播相结合。随着AR、VR、MR等技术的日渐成熟，单纯依靠线上传播或线下传播的单一范式已不能满足全媒体场景下国际传播的需求。要着眼线上线下有机统一、优势互补，线上重点打造全媒体传播矩阵，内容呈现上注重质量和形式并重，在弘扬中华优秀传统文化的内核之上，加以活泼幽默的表现形式，提升“路转粉”效果并强化粉丝黏度。线下主要借助国际合作、国际比赛、文化会演、高端论坛、联合军演等时机，利用举办国际大学生周等活动，为世界认识中国打开大门。

宏大叙事和个人叙事相结合。互联网尤其是社交媒体带来的赋能与赋权，激活了以个体为中心的传播结构，在改变人与人之间连接关系的同时也达成了话语权的重新分配，让个人叙事的重要性凸显出来。宏大叙事是通过群体视角来叙述，能够赋予更多意义、更多价值，是国际传播较有效率的传播方式。但全媒体场景下，如果信息本身被赋予了过多意义、承载了过多价值，反而可能造成“过载”，不易被“Z世代”所接受。个人叙事以个人视角为切入点，平实、贴切、富有代入感，往往更能吸引“Z世代”关注，但囿于个体局限性，其中蕴含的意义和表达的内涵难以面面俱到，质量也良莠不齐。只有将宏大叙事和个人叙事结合起来、相互补位，以不同视角呈现各具特色的话题，才能切实增强说服力和感染力。

意见领袖和广大网民相结合。移动互联时代的社交媒体重塑并激活了以个体为中心的传播构造，“去中心化”越发成为全媒体场景下的显著特征。充分发挥意见领袖在促进圈内传播、推动圈际融合方面的功能，并与广大网民自主传播很好地融合起来，是面向“Z世代”国际传播的必然选择。要打造区别于普通网红的“Z 世代”意见领袖，包括英雄模范、在华国际友人、华人、华侨等，助力其依靠自身特有优势和独特魅力在主流意识形态、主流价值观框架内进行叙事。要充分发挥华人、华侨中“Z 世代”群体在所在国社交媒体上的地缘优势、语言优势、文化优势，以及由此产生的传播优势，强化传播声音的落地率、转化率。

快速响应和持续关注相结合。全媒体场景下，信息在流转分发过程中，可能因各种因素被迅疾放大或者急剧消弭，也容易产生信息变质和信息变异，导致附着其上的价值承载迥异于信源初衷。因此，在发生重大国际事件、举办重大国际活动等关键节点，要聚焦“Z 世代”关切点，注重从和平与冲突、生命与人权、文明多元与科技进步、社会发展与环境保护、种族平等与性别平等、多边主义与全球化等方面切入，第一时间吸引受众的注意力，防止别有用心的媒体“先入为主”，抢先造成认知偏差。同时，提升国际传播力不可能一蹴而就，要久久为功，持续关注国际传播态势，在精耕细作中发掘探寻“Z 世代”群体的“着眼点”“兴奋点”“聚焦点”，包括“弱点”“痛点”“堵点”，并据此及时进行相应调整。

（原文载《中国军队政治工作》2023年第4期，吴穹，黄彦龙，内容有删改）

数据驱动优化红色文化传播

红色文化是在革命战争年代，由中国共产党人、中华民族的先进分子和广大人民群众共同创造的、彰显革命精神、极具中国特色的先进文化。我们应充分用好这种包含着物质文化和非物质文化的重要资源与宝贵财富，通过推动红色文化传播实现红色资源积极运用、红色传统大力弘扬、红色基因有序传承、红色血脉绵延赓续，是助力全党全国各族人民培根铸魂、补钙壮骨，进而踔厉奋发、筑梦圆梦的重要途径。借助大数据在系统描述、辅助决策、智能洞见等方面的明显技术优势，深入探究数据驱动视域下红色文化传播优化的实践抓手，能够进一步发掘红色文化的政治价值、历史价值、文化价值和德育功能。

一、数据驱动视域下红色文化传播的历史机遇和现实困境

大数据技术的飞速发展与深度应用，不断推动红色文化资源从平面走向多维、从文字走向数码、从实物承载走向虚实融合，逐步实现了数据化、虚拟化、智能化，为驱动红色文化传播优化提供了技术支撑、数据基础和理念指引，但这一进程中所面临的诸多现实困境有待克服。

数据驱动视域下红色文化传播迎来历史机遇。数据驱动的新理念、新技术、新方法，高度契合了红色文化传播的多样性、多元性、多域性，通过数据赋形、赋能与赋智带来的可视化、高效化和精准化，能

够在优化过程中极大提升红色文化传播的质量效益。一是数据赋形助力红色文化传播可视化。利用数据描述优势将客观存在的红色文化资源进行数据刻画，并以图表、动画等可视化形式加以呈现，通过复现历史时刻、平移现实空间、系统展示整体、掌握局部细节，加深民众对经典文本等深奥、抽象内容的直观感知和形象记忆。此外，这种可视化“转码”还使以计算机为代表的智能机器也能认识并理解红色文化，从而借助智能算法进行自主判断与辅助决策。二是数据赋能助力红色文化传播高效化。运用数据自动处理功能，全面提高内容生产和传播效率，通过多平台投送、多中继转发提升红色文化产品在现实世界特别是虚拟空间中“裂变式”传播的速度、广度和强度。通过数据自动采集、实时同步聚合、结果即时呈现，提高评估反馈的客观性、时效性，确保红色文化产品能够占据更多“流量”，获得更多“推送”，第一时间成为现象级“爆款”。三是数据赋智助力红色文化传播精准化。发挥数据蕴含的智能决策潜能，根据传播目标和潜在受众特点，依托“中央厨房”和“媒体大脑”智慧选择传播内容、传播媒介、传播途径、传播时机及传播场景，实现“千人千面”的个性投送、“量身定制”的沉浸式体验，以“小众化”“分众化”精确适配“圈层化”“个性化”，让受众适时获得最佳感受的红色浸润，达成“润物无声”的潜在效果。

数据驱动视域下红色文化传播面临现实困境。虽然大数据技术弥补了红色文化传播在传统媒介生态环境下的缺陷，但仍然需要积极应对传播主体数据素养不足、传播内容数据化程度不高、传播路径数据化改造不畅等现实困境。一是红色文化传播主体数据素养不足。近年来，各级在数据资源整合方面的主导性发挥仍有较大提升空间，特别是利用数据开展体系管理、预测分析和辅助决策的能力亟待加强。广电媒体借力数据技术实现了节目制播过程的全程监控，推出了以财新网“数字说”为代表的数据新闻，但囿于素养所限，在数据资源分析利用方面依然薄弱。各红色旅游景区（点）虽然普遍开通了扫码语音导览、触屏互动、AR/VR虚拟仿真等数字化辅助服务，但在内容吸引力和价值引导力上深挖不够、认识不足，制约了传播效果。二是红色文化传播内容数据化程度不高。经过多年努力，红色文化数字资源建设初具成效，从单纯数据转码转变为平台化工程推进。但这种转变仅仅是第一步，在数据内涵挖掘、数据价值开发及呈现方式创新创造方面仍有短板。如果不能发挥知识图谱在描述概念、实体及其相互关系上的技术优势，就无法将目前大量离散、无序的数据资源转化为结构化知识体系，进而运用数据表征学习，科学提取蕴含其中的信息，打通数据和算法之间的沟通链路，不断满足各类算法推荐应用场景的需求。三是红色文化传播路径数据化改造不畅。现阶段的数据化更多围绕内容这一本体做文章，对传播路径的关注程度稍显不足。作为直抵受众的“高速公路”，如果传播路径数据化程度不高，难免形成制约传播效果的“中梗阻”，特别是面对网上海量同质化信息产生的规训效果与诱导效应，如果不能对现有传播路径进行数据化改造升级，确保可靠掌控、为我所用，就难以有效对冲“信息茧房”和“过滤泡”诱发的不良影响，真正做到以红色文化抵制化解低俗、媚俗、庸俗的“三俗”文化。

二、数据驱动视域下红色文化传播优化需要遵循的原则

新的时代条件下，优化红色文化传播要注重把握媒介融合大势和数据驱动趋势，在价值引导上坚持政治底色，在主体协同上坚持系统

共治，在内容创作上坚持用户思维，在传播策略上坚持精准直通，实现多维度、大众化的全维全员全时覆盖。

价值引导上坚持政治底色。政治性决定了价值引导的方向。对红色文化来说，政治性是天然属性，守正是创新的前提和基础。要确保始终站稳政治立场、把准政治方向，坚持以马克思列宁主义为指导，加强意识形态建设，引领当代大众文化的价值导向和价值塑造。当前，传播环境日益开放，多元思潮、多元文化之间相互博弈、彼此竞争，给以红色文化为代表的主流文化传播带来不稳定因素。因此，优化过程中要牢牢掌握领导权、主导权、话语权，不断赋予新的时代内涵和表达方式，切实维护文化安全、坚定文化自信。

主体协同上坚持系统共治。红色文化传播主体之间不是各自为战、条块分割的，而是相互依存、相互影响，存在纵向联动、横向配合、交叉协作的复杂关系。坚持多主体协同的系统共治，要充分把握红色文化传播的系统性、整体性和协同性，坚持多元共治、分责主抓、统筹协调、系统释能，利用数据技术驱动红色文化传播形成合力。当前，互联网企业掌控社交媒体平台和用户数据资源，网络自媒体拥有可观数据流量和庞大受众群体。因此，在优化过程中要坚持系统思维，深入探索不同主体间的协同关系，构建多元主体彼此关照、协同发声的全新格局。

内容创作上坚持用户思维。红色文化传播不能自带光环、自说自话，在内容生产和传播过程中同样要紧盯目标受众的活思想和现实需求，把坚持用户至上的思维理念真正体现到构思、谋篇、制作、推广的全过程全环节。只有俯下身以服务的态度倾听大众心声、弯下腰以群众的视角体察大众好恶、融入情以平实的叙述讲述生动故事，才能重塑以用户为中心、以内容为核心的传播模式。特别是要针对少数自媒体以改编、恶搞方式来博人眼球，如个别抗日“神剧”肆意夸张和歪曲历史的情况，在优化过程中从用户视角、立场和需求出发，以“共情、共鸣、共学、共勉”形成良好传播效应。

传播策略上坚持精准直通。采用正确的策略能够使传播过程事半功倍、传播效果即时高效。红色文化传播要主动适应由“人找信息”向“信息找人”的传播模式切换，采用精准直通的传播策略，在大数据技术加持下，通过遍历潜在受众、精准洞察需求、主动投送信息、实时评估反馈，实现积极、适时、高匹配度的信息供给，最大限度满足受众个性化、多元化信息需求，从而更好地助力红色文化传播扩散与价值实现，真正做到初见直拨心弦、亮题直抵心灵、开口直击心坎，让受众自觉自愿地“融入红色文化、主动参与其中”。

三、数据驱动视域下红色文化传播优化的有力抓手

红色文化传播抢抓历史机遇、突破现实困境，需要借助数据驱动的理念、方法和手段，通过激发多元主体参与整合数据资源、推动内容守正创新深挖数据价值、打造专属传播路径发挥数据智能等抓手途径，在持续中延续历史传承、弘扬时代价值。

激发多元主体参与整合数据资源。各级党委和政府在红色文化数据资源整合中要通过协调各方力量、制订方案计划、把控质量效益，充分发挥主导作用。专家学者、红色旅游景区（点）要积极发挥主观能动性，系统梳理红色文化的历史脉络、时空属性、价值意蕴和应用途径，为数据资源建设提供理论引导与方法指导。建设过程中，要坚持安全、保真、可用、统一的建设标准，完成数据存储、页面规划和功

能设计，构建红色文化数据资源库和数据应用平台。要关注资源投入效益，激活非公企业参与的积极性、主动性和创造性。例如，与文创企业合作开发线上线下一体化红色旅游专线，与党团活动、思想教育、公益活动相结合，探索剧本杀、VR 游戏、综艺节目等新兴模式；与科创企业合作，利用元宇宙等技术复现红色文化经典场景，让参与者“代入式”近距离感受红色英雄气概和伟大壮举，在法理、伦理允许的框架内，为红色英烈构建虚拟智能形象，打造红色文化 IP，形成鲜活载体，让每一名受众在穿越时空的“面对面”中切身感受到红色血脉的精神实质。

推动内容守正创新深挖数据价值。红色文化传播内容，既要求政治严肃性、历史真实性、表达准确性，又强调具有生动趣味性和现实吸引力，只有坚持守正创新才能契合受众需求。要采取“智慧＋智能”相结合的生产模式，依托人的“智慧”在知识图谱协助下发掘创作素材、梳理故事脉络、促进艺术升华，并负责审核、把关文艺创作的政治立场和政治方向，确保文化产品的政治性、还原度和高品质，避免出现细节失真与叙述偏差。依托数据训练出的“智能”参照目标受众既往浏览、评论、分享、留言等所反映的兴趣偏好，筛选新的史料素材、新的叙事角度或新的表达形式，启发和提升内容创作创新水平，完成素材取舍和艺术再加工。针对当前视频化、碎片化的传播模式，探索构建“智慧”主导、“智能”实施的遴选机制，依据传播规律、预判流行趋势，从红色文化经典传播内容中精选内容，辅以体验感强的叙事策略和表现手法，确保一经制作推出便能直抵灵魂深处、引发情感共鸣。

打造专属传播路径发挥数据智能。现有的传播路径如果不能与大数据技术发展水平相适配，就难以畅通端到端之间的链路。要积极运用5G、区块链、物联网等技术重塑互联网底层技术架构，打通红色文化产品直抵受众的“最先一公里”与“最后一公里”。要精准识别受众需求状态和所处场景，针对性调用楼宇广告、APP启动界面等潜在“阵地”，实现大屏小屏一体联动、全面覆盖；针对不同传播路径给受众带来的不同感受，及时更换适配度高的传播渠道，防止因渠道和内容不匹配而引发逆反心理，让红色文化传播更加合乎受众“口味”，更好发挥德育功能。要采取有力措施，防止以平台为代表的传播渠道通过“诱导沉迷”等不合理算法应用对红色文化传播产生不良影响，并通过更改参数设置、优化推送策略，将红色文化产品突出显示在头条头版、主屏主页。要积极探索并建立完善专门的制度机制，对有利于红色文化继承与发扬的文化产品制作方提供认证服务和激励政策，赋予其在传播渠道中的优先权和通达权，确保能够持续、稳定、高效地触达受众。

（原文载《军事记者》2022年第5期，栾纪文，吴穹，部分内容有删改）

元宇宙视域下的青少年思想政治教育创新展望

2022年8月，中国互联网络信息中心发布的第50次《中国互联网络发展状况统计报告》显示，“截至2022年6月，我国网民规模达到10.51亿人，其中，29岁以下的青少年占34.9%（10岁以下占比4.2%，10~19岁占比13.5%，20~29岁占比17.2%），互联网普及率达到74.4%”[①]。在互联网全民化普及的大背景下，网络主动权就是话语主导权。现代网络交互形式和网络传播范式的发展越来越证明，人类赖以生存的空间已经不仅仅局限于物理空间，而是由社会空间、物理空间和信息空间组合而成的多元空间，“社会人”和“信息人”的同步进化逐渐成为人类在多元空间得以发展和延续的基本样式，这是我们思考青少年思想政治教育元宇宙的逻辑起点和立足点。具体来说，随着VR、AR、MR、脑机等技术的深入发展和“元宇宙”概念的迅速兴起，现实世界和网络信息空间逐渐融为一体，场景化互动成为网络传播的新样态，这为提高青少年网络思想政治教育质效提供了崭新思路。元宇宙借助算法、大数据、区块链、5G和各种显示技术，构建起一个既独立于现实空间又彼此交融的平行虚拟世界。客观来讲，青少年思想政治教育元宇宙，以其虚拟与现实的深度融合，实现教育的沉浸式体验；以其线上与线下的一体交互，重构教育的主客体身份；以其“全员”与“个性”彼此互

① 中国互联网络信息中心．第50次《中国互联网络发展状况统计报告》[EB/OL]．中国互联网络信息中心网站，2022-08-31.

补，拓宽教育的多向度边界。这些新变化、新形态，契合后疫情时代青少年思想政治教育呈现方式，重心不断由传统思想政治教育课堂向网络思想政治教育偏移的现实情况。由此可见，由图景化向场景化转变是青少年思想政治教育形态进化的必然趋势，基于这种趋势，深入研究分析青少年网络思想政治教育和互联网发展变化的各自特点和相互契合之处，探索元宇宙视域下青少年网络思想政治教育的可行途径，是紧迫且必须回答和解决的现实问题，同时也是响应2021年中共中央、国务院在《关于新时代加强和改进思想政治工作的意见》中提出的“推动思想政治工作传统优势与信息技术深度融合，使互联网这个最大变量变成事业发展的最大增量”[①]这一要求的现实举措和必要手段。

一、何以必然——图景化向场景化转变是思想政治教育进化的新形态

尽管青少年思想政治教育的方法和手段在不断创新，线下传统思想政治教育课堂和网络思想政治教育相结合的教育范式也在不断发展和完善，但图景化的教育呈现方式仍然是主流。实践来看，图景化思想政治教育平面化的教育内容难以调动青少年学习的积极性，浅层次的人机交互难以增强青少年学习的参与感，非定量的教学评估难以准确评价教育的开展成效，缺乏实践的培养模式会造成“知行割裂”的现象，这些问题既是交互技术的发展瓶颈，也是制约青少年思想政治教育质效提升的重要原因。而元宇宙概念的兴起，为解决这些矛盾问题提供了可能，学者张洪忠认为，“元宇宙是互联网发展的一种趋势和新

① 中共中央国务院印发《关于新时代加强和改进思想政治工作的意见》[N].人民日报，2021-07-13（1）.

的场景方向，其特征就是深度的场景化”[①]，这一论述阐明了元宇宙这一空间概念与场景化这一传播概念之间的相互关系。可以说，“元宇宙为用户提供了一个沉浸体验、具身交互的虚拟现实深度融合系统，能够让用户利用海量资源和技术工具实现‘可见即可感知’‘可想即可尝试’等抽象思维表象化的过程”[②]。其虚拟与现实的深度融合，将充分调动学生的五感并营造一种身临其境的感觉，将极大地调动学生的积极性和提高学生的参与感；万物“数字化”的特性为精准掌握青少年学习动态和思想政治教育量化评估提供了数据支撑，加以数学建模和算法实现，将实现精准采集、精准施教、精准评价、精准改进的思想政治教育完整闭环；线上线下的彼此交融，给青少年用实践验证理论创造了有利条件，推动学生“知行合一”，在实践中加深对思想观念和价值理念的认同感。总之，突破传统青少年思想政治教育图景化表达，转而依托元宇宙实现场景化呈现，以“机机”“人机”“人人”形成的多元互动格局和充分调动五感的多维表达方式，来突破当前思想政治教育面临的瓶颈和矛盾问题，是未来思想政治教育形态进化的必然选择。

（一）感官召唤和情感共鸣的结合提高思想政治教育感召力

习近平主席在2014年10月召开的古田全军政治工作会议中强调，“增强思想政治教育的时代性和感召力”[③]，这不仅是对军队开展思想政治教育的要求，同时也是对新时代开展青少年思想政治教育的要求。

① 清华大学国家形象传播研究中心课题组，范红，何佳雨．元宇宙在国家形象传播领域的应用前瞻：“元宇宙与国家形象塑造和传播”研讨会综述 [J]. 对外传播，2021（12）：60-63.

② 刘革平，王星，高楠，等．从虚拟现实到元宇宙：在线教育的新方向［J］．现代远程教育研究，2021，33（6）：12-22.

③ 安宗让．增强时代性感召力 发挥思想政治教育中心环节作用［J］．军队政工理论研究，2015，16（1）：23.

传统思想政治教育课堂主要通过教师讲授、学生讨论、阅读书目等手段相结合的方式展开思想政治引领，传统网络思想政治教育主要以文字、图像、音视频等“平面化”呈现手段进行隐性价值熏陶。无论是思政课堂还是网络思政，都是通过“讲故事”和“讲道理”说服学生对教育内容产生理性认识和情感共鸣，以此来凝聚价值共识。但这种范式仅仅调动了学生的视觉和听觉，并不能营造学生亲身体验的场景，由此产生的时空割裂对学生想象力的限制，始终是制约学生以“身临其境”和“感同身受”产生“情感共鸣”和“价值认同”的重要原因。而场景化教育呈现可以借助各种设备和技术手段，充分调动学生的接收器官，从听觉、视觉、触觉，甚至于嗅觉和味觉等多维感官入手，营造身临其境的教育感受，以达到情感共鸣的效果，由此提高青少年思想政治教育的感召力。

（二）具身参与和虚实结合的互动增强思想政治教育获得感

传统青少年思想政治教育往往采用“老师—学生”这种身份边界定义分明的教育范式，学生常常以“第三人称”的固有视角获取信息，尽管启发式、引导式教学也被一定程度使用，但灌输教育始终是主流，这导致学生接收到的信息更多的是“知识”而非“价值”。受教育观念和技术手段的制约，学生主体性地位难以彰显，这是制约学生参与感和获得感的重要因素。法国哲学家梅洛－庞蒂的知觉现象学认为，“身体是在世界上存在的媒介物，拥有一个身体，对一个生物来说，就是介入确定的环境、参与某些计划和继续置身于其中”[①]。具身参与，即身体在场。元宇宙所呈现的场景化思想政治教育，不仅能强化这种在场

① 莫里斯·梅洛－庞蒂.知觉现象学［M］.姜志辉，译.北京：商务印书馆，2001：116.

感，而且虚实互动的场景生成，使学生以独有的“角色”进入教育场景，以具身参与突破了以往的“接受教育”模式，更多地以“第一人称”视角“参与教育”“融入教育”，通过“接受”和“表达”的双向互动，增强青少年思想政治教育课堂的获得感。场景化思想政治教育将各种理论和价值观念变“别人告诉我的”为“我自己感受到的”，极大地提高了学生的主体性地位和通过自身感悟体验实现价值认同的获得感。

（三）覆盖全员和个性定制的互补强化思想政治教育接受度

在后疫情时代，在线教育所占比重日益提高，传统思政课堂和网络思政的创新结合也在不断发展。但青少年思想政治教育全员覆盖的要求和现实教育资源地理上分布不平衡形成的矛盾，网上泥沙俱下的信息资源造成青少年信息接收不确定性和党对青少年思想政治教育目标确定性形成的矛盾，网络信息资源无限性和教育主客体注意力稀缺性形成的矛盾等三对教育期望与信息接收之间的矛盾仍然客观存在，这是制约青少年思想政治教育质效提升的现实难题。元宇宙以其全员、全息、全维、全程构建的思想政治教育场景空间，使得任何主体都能在其中接受差异化的个性定制的教育。场景的全域覆盖，解决了思想政治教育“全员化覆盖”和“资源分布不平衡”这一对客观矛盾，破除了长期以来思想政治教育覆盖面不全的固有藩篱；教育者对场景构建的主导性决定青少年在场景空间接受符合主流价值观的信息，廓清腐朽意识形态的侵蚀，学生对场景构建的主体性决定学生在场景中以独一无二的“角色”接受和改造信息，教育者主导性和学生主体性的结合，解决了“信息接收不确定性”和“教育目标确定性”、“信息资源无限性”和“个体注意力稀缺性”这两对固有矛盾，使思想政治教育场景化实现中方向不偏、功能不减，学生的个性化定制功能凸显。从场景覆盖、场景构造、场景运行等多方面强化青少年思想政治教育的接受度。

二、何以可能——媒介嬗变趋势与思想政治教育创新发展高度契合

学者喻国明认为，"'新媒介'嬗变的核心逻辑可以理解为媒介是连接人的全部关系的纽带，而媒介迭代之'新'就意味着为这个纽带的连接提供新的尺度、新的内容和新的范式，'场景时代'是媒介作为'人的关系连接'在现实世界的最高形式"①。元宇宙概念兴起以后，场景化逐渐成了媒介嬗变的趋势。随着思想政治教育范式的不断创新，"价值力""主体性""精准化"的需求越发凸显。而思想政治教育过程，本质上就是信息传播与内化，是作为"人的关系连接"的一种特殊的形式，实现青少年思想政治教育创新发展，就不可避免地要理解并借助媒介的演进。如何清楚地认识到媒介嬗变的内在逻辑，寻求与思想政治教育创新发展需求的契合点，是推动思想政治教育适应媒介进化新形态、进一步提质增效的可行途径。

（一）虚实交互与"价值力"需求契合

张耀灿等在《现代思想政治教育学》中认为思想政治教育的本质是"一定的阶级、政党、社会群体遵循人们思想品德形成发展规律，用一定的思想观念、政治观点、道德规范，对其成员施加有目的、有计划、有组织的影响，使他们形成符合一定社会、一定阶级所需要的思想品德的社会实践活动"②。总之，价值的输送与培养是思想政治教育的本

---

① 喻国明．未来媒介的进化逻辑："人的连接"的迭代、重组与升维——从"场景时代"到"元宇宙"再到"心世界"的未来［J］．新闻界，2021（10）：54-60.

② 张耀灿，郑永廷，吴潜涛，等．现代思想政治教育学［M］．北京：人民出版社，2006：50.

质要求，也是其内在需求，这一需求在元宇宙虚实交互中得到了体现。“具有同步性和高拟真度的虚拟世界是元宇宙构成的基础条件，它意味着现实社会中发生的一切事件将同步于虚拟世界，同时用户在虚拟的元宇宙中进行交互时能得到近乎真实的反馈信息。”[①]元宇宙不仅可以作为现实世界在网络空间的信息映射，同时也可以在映射规则的约束下，实现合理想象空间的具象化表达。现实与想象空间的结合，呈现出一种基于现实世界又超越现实世界的全新空间。虚实空间结合与互动可以使用户穿梭于现实空间和场景化世界，实现主体虚实身份的互相变换，这也为青少年思想政治教育具身参与提供了可行的范本。这种全新的实现方式突破了传统视听觉的平面感受方式，在虚实互动中实现了多维度的感官召唤和主体的具身体验，在信息接收上消除了时空割裂产生的对学生想象力的限制和感受与情感的剥离感，通过感同身受产生情感共鸣，进一步转化为对社会主义核心价值体系的认同。

（二）开源开放与“主体性”需求契合

习近平总书记指出，“思政课教学离不开教师的主导，同时要坚持以学生为中心，加大对学生的认知规律和接受特点的研究，发挥学生主体性作用”[②]，对增强思想政治教育中学生的主体性地位提出了要求。而这一需求与元宇宙开源开放的特征相契合，元宇宙通过协议和标准，将代码和数据进行模块化封装，从而实现开源共享的功能，这一特性决定着在青少年思想政治教育中，学生不仅可以融入场景，更可以改造场景、创新场景，极大地提高了学生的主体性地位。场景重塑思维，

① 喻国明．未来媒介的进化逻辑：“人的连接”的迭代、重组与升维［J］．新闻界，2021（10）：54–60．

② 习近平．思政课是落实立德树人根本任务的关键课程［J］．奋斗，2020（17）：4–16．

学生可以作为场景的组成部分“入场”，也可以作为具有独立于场景之外思维的观察者“出场”，“出场”和“入场”之间的相互转换，使得学生能从不同角度去观察、认识和感悟场景及其携带的固有知识和价值理念。思维创造场景，教师和学生可以根据教育主导地位的不同，依据教学效果对思想政治教育场景进行不同权限的更新和创新。场景和思维的双向交流，使得思想政治教育变传统“被动接受”为场景化“主动感悟”，变由教师向学生的“单向传输”为教师、学生和场景之间“多向互动”。

（三）场景定制与“精准化”需求契合

“高校思想政治教育精准化有其清晰的逻辑前提，实现‘精准化’既是思想政治教育发展的内在要求，也是回应新时代思想政治教育面临挑战的必然选择”[①]，实践来看，受技术水平和教育资源的制约，传统思想政治教育很难实现彻底的“精准化”，而场景的数字化构建为青少年思想政治教育精准化提供了新的思路。可以说，图景化向场景化的转变不仅仅是信息呈现方式的区别，更是包括主体在内的客观世界的数字化表达，这正是场景构造和精准教育的基础技术支撑。数字化是场景构造的基础，虚拟空间的构造是“编码—解码”的过程，首先，对现实或者想象空间的各种具体物体和环境参数进行数字化转换（编码），其次，通过各种五感呈现手段实现从数字化到虚拟化的转换（解码），这个过程实现了现实空间到虚拟空间的数字化映射。同时，数字化是精准化教育的基础，对场景主体和各种教育内容进行数字化编码之后，借助数学模型和算法实现进行匹配，然后根据教学前后主体各

① 丁凯，宋林泽．论高校思想政治教育精准化的机理及实现路径［J］．思想理论教育，2020（6）：101–105．

个维度的参数对比，精准化分析教学效果，形成精准识别、精准教育、精准评估、精准改进的闭合回路。

三、何以实现——“三元互动”助力思想政治教育高维展开

学者沈阳认为，“元宇宙是一个探索性的概念，其核心内涵包括虚实融合、以用户生产为主体、具身互动、统一身份、经济系统5个部分，是整合了多种新技术的虚实相融的互联网应用和社会形态”[①]。由此可见，元宇宙是一个综合性的技术工具。如何最大化利用其技术优势，探索在思想政治教育领域可行的运用方式，不仅是青少年思想政治教育创新展望的出发点和立足点，也是实现其作为技术手段完成从工具理性到价值理性飞跃的必然选择。通过教育场景、教育主体、教育内容的全面重塑，实现全息课堂、全员平台、全域格局三元互动的全新思想政治教育范式，推动青少年思想政治教育全面“升维”和创新发展。

（一）场景赋能，构建全息思想政治教育课堂

元宇宙视域下，场景赋能思想政治教育重构时间、空间、教育主体、教育内容、技术工具，以及人与人连接的媒介和交互方式。构建全息思想政治教育课堂，包括场景洞察、场景构建、场景应用、场景优化等一系列过程。场景洞察挖掘所缺知识细节，教育主体层面，洞察教育主体知识水平、接受能力、兴趣爱好等多方面水平，并进行数字化处理和建模，挖掘场景生成的嵌入点；外部环境方面，洞察教育目标、意义、要求，进行数字化编码和建模，为场景构建提供数据支

① 沈阳．学界、业界专家论道：什么是元宇宙？将带来哪些影响？［EB/OL］．广电业内公众号，2022-03-23.

撑。场景构建赋予价值引导推力，这种场景构建主要从环境和主体两个层面实现：一是感知环境营造，从形态上看，元宇宙是平行于现实世界的独立空间，但事实上，其本身不能脱离现实空间而独立存在，必须依托于各种计算单元和存储硬件，通过“编码—解码”过程构建场景；二是感知主体构造，在感知环境营造的基础之上，通过各种传感器实现视、听、嗅、触、味等感官的数据采集和接收感觉，再利用VR、AR、XR、MR、脑机等比较成熟的信息交互技术进行不同维度的呈现，沟通了主体与环境之间的有效互动，主体可以感知环境，同时也可以改造环境。场景应用助力教育提质增效，充分发挥场景化思想政治教育感官召唤和具身参与的优势。比如，在进行爱国主义教育时，我们可以使学生置身于“零下30℃的长津湖”，通过触觉感受，体会革命先辈在寒彻骨髓的环境中保家卫国的艰辛与不易；进行党史军史教育时，可以使学生置身于“1949年的天安门广场”，通过听觉感受，聆听数十万人欢呼鼓掌中饱含的对新中国的期待和向往。同时在此过程中记录各项教育数据，以此作为教育评价和场景优化的依据。场景优化推动迭代更新优化，在场景应用之后，分析教育过程中主体和环境产生的各种行为数据，开展教育实际效果的定量分析，并针对短板不足进行优化。

（二）主体互动，打造全员思想政治教育平台

马歇尔·麦克卢汉（Marshall Mcluhan）认为，“媒介是人的延伸，可以作为人的义体”[①]，在全息化思想政治教育课堂视域下，场景成了新的媒介，不仅是沟通主体与环境、主体与教育者、主体与主体的有效手段，更是破除圈层化壁垒，打造全员化思想政治教育平台的重要依

① 马歇尔·麦克卢汉. 理解媒介：论人的延伸［M］. 南京：译林出版社，2019：101-105.

托。场景化思想政治教育中，互动是主体获取知识、形成价值的主要方式。主体与环境之间的互动中主体指的是受教育的青少年，环境指的由场景中的“物质”、信息流和各种环境参数等组成的集合，而互动指的是依靠数据流完成与环境的信息传递和交互，主体在通过视、听、嗅、触、味等感官感受场景的同时，也接收到了场景中蕴含的信息和传递的价值。主体与教育者之间的互动，主体通过数据交互，能与教育主导者产生多维度的互动，从宏观上了解教育的意义、目标，甚至场景构建的逻辑，从而更深层次地了解和掌握教育内容。主体与主体之间的互动，场景提供互联互通的社会化场域，这就决定场景内的每一个主体不是彼此孤立的，而是可以相互交流、相互影响的。通过与置身同场景内和不同场景间的主体彼此交流，加深对知识的理解和场景传递的价值观的认识。

（三）内容重塑，形成全域思想政治教育格局

场景化思想政治教育的全新范式呼唤思想政治教育内容的全面重塑，这就要求教育内容的生产、传播、应用等方面都应该着眼场景化、适应场景化，从而形成线上线下资源深度融合的全域思想政治教育格局。立足场景特点、加强内容创新创造，场景化的教育产品打破了原来文字教案、PPT、教材、影视图像作品等呈现形式，转而以一种全新的文件格式呈现，这就需要教育者将思想政治教育的内容和算法、大数据等技术手段结合起来；同时，除基于不同格式的内容文件本身的创新创造之外，还需要进行理念创新和手段创新，寻求最适合场景化呈现的教育方式和教育内容，充分发挥元宇宙的优势。打破教育壁垒，实现各种资源共享，共享性是元宇宙的一大特性，思想政治教育元宇宙可以将现实世界的教育机构、教育资源进行有效连接贯通，打破线

上和线下、线上各资源之间的壁垒，实现各类教育资源的重组和优化，满足教育主体个性化、多样化、全员化的需求。着眼场景适配，推动教育内容优化，元宇宙是一个开源开放的全新世界，其实现技术和理念无时无刻不在进化和发展，因此，不能局限于固有的教育内容，而是应该立足应用的实际效果，不断创新，使其能始终适应思想政治教育范式和元宇宙进化形态的发展。

（黄彦龙，吴穹）

数据驱动的全民阅读高质量发展路径

对个人而言，阅读是提升知识水平、思维层次、创新能力的主渠道之一，是厚实道德基础、拓宽生命宽度、挖掘思想深度的力量源泉。对国家而言，全民阅读作为一种文化性的社会生活方式，融合知识萌生、知识创造、思维迭代和价值追求等丰富的形式与内容，点缀物质生活，灌溉精神文明之花，像一面镜子一样投射着社会的文明进步。[①]新时代，全民阅读被提升为一项国家战略，连续八年被写入政府工作报告，并作为重大文化工程之一被纳入《国民经济和社会发展第十三个五年规划纲要》。2020年10月，中共中央宣传部印发《关于促进全民阅读工作的意见》，全面指导和部署各地各部门开展全民阅读工作。这些举措表明，我国全民阅读工作正迈向高质量发展阶段。

当前，全民阅读依然面临着参与主体有限、形式渠道滞后、建设成效不彰等困境，特别是在信息传播技术快速迭代、知识爆炸式增长的数字化时代，人们普遍被浅表化、碎片化的信息流所裹挟而迷失自我。一方面，人们阅读兴趣缺失，需要更优质的阅读内容和更便捷易得的阅读途径；另一方面，基于传统抽样调查的研究方法、广播式的宣传方式、固定的阅读渠道已经难以适应时代发展需求，因此呼唤政府、社会、阅读界提高治理能力和服务质量，增强全民阅读体系建设。

① 张波．全民阅读的多重意蕴、现实场域与路径设计［J］．出版发行研究，2021（8）：5-10.

探索运用大数据在全样本数据分析、探寻相关关系、精准推荐、预测决策等方面的技术优势，对实现全民阅读实时、动态、精准推广意义重大，对建设书香社会、实现文化强国具有很强的时代价值。

一、数据驱动全民阅读高质量发展的重要性

目前，以大数据为引领的创新驱动发展战略在多领域展现出巨大的应用前景和赋能潜力，正以前所未有的影响力改变甚至决定不同行业的新格局。随着在社会治理中的不断深化应用，数据驱动逐渐成为促进全民阅读高质量发展的重要科技支撑。

（一）大数据时代技术变革的必然趋势

以大数据为代表的数字经济被誉为全面深化改革的创新驱动力，在经济生活的各方面成为高质量发展的重要着力点。政府依托大数据加速创新发展，在智慧城市管理、公共交通管理、数字政府建设和企业数字化转型等各方面取得重要进展。电商、新闻资讯、短视频等数字平台自主研发大数据在用户分类、圈层聚类、兴趣推荐等方面的技术应用，驱动企业取得高额经济收益。大数据在现实社会和网络空间的广泛应用也引发了思维观念、生活方式、实践行动的变化，特别是对人的精神文化世界带来诸多冲击，潜移默化影响着人们的阅读需求和阅读行为。

大数据技术实现了对海量数据的采集、处理、分发和应用，产生了数字化阅读这一全新阅读形态，对传统阅读产生了深刻影响，极大增加了大众接触阅读的机会。学者张晗等认为除了一些纯粹的娱乐游戏类活动，所有通过纸质或电子媒体获取知识的行为都可以定义为阅读。[①]

① 张晗，卢嘉杰．数字鸿沟视阈下的全民阅读城市建设［J］．现代出版，2018（4）：33-37.

《第十八次全国国民阅读调查报告》显示，手机阅读、网络在线阅读、有声阅读已成为大众进行文字阅读的重要方式，影视作品、短视频、VR虚拟现实等多媒体形式已成为大众获取知识、进行广义阅读的偏好载体，在大众阅读生活中的占比越来越大。①数字化阅读生态的形成，使人们的阅读载体和阅读内容呈现出新的时代特点，给人们带来动态、沉浸的阅读新体验，拓宽了全面深化全民阅读的实践场域，也对进一步满足人民对阅读的美好需求提出了新的时代要求。

（二）全民阅读自身发展的内在要求

全民阅读的高质量发展离不开科学合理的组织领导、优质阅读内容的高效供给、推广活动的广泛开展、基础设施和服务体系的建立完善，加之数字化阅读的蓬勃兴起，全民阅读已经成为一项复杂工程。而大数据带来的观念更新和技术革新，已成为促进阅读理念更加深入人心、阅读氛围更加浓厚、阅读成效更加凸显的有力支撑和科学助力。

全面提升全民阅读水平，需要政府依靠数据进行科学高效的管理和决策，在顶层规划、制度设计和资源分配等工作中，从“主观主义”“经验主义”的模糊治理转向“实事求是”“数据驱动”的精准治理。为了在全社会大力营造全民阅读的良好氛围，数据驱动的全民阅读宣传推广和阅读内容供给，能够根据大众的知识水平、个人喜好等量身定做，整体提高精准化和个性化水平。公共服务设施和阅读服务体系作为促进全民阅读高质量发展的支柱，需要从“建、管、用”三个环节对公共服务的普及度、利用度和满意度进行全面系统的考察和评价，而其核心关键就是要让大众真正感受到、享受到并满足其阅读需要，

① 中国新闻出版研究院全国国民阅读调查课题组，魏玉山，徐升国．第十八次全国国民阅读调查主要发现［J］．出版发行研究，2021（4）：19-24．

这需要利用大数据进行科学合理布局、低粒度数据采集、全样本深层次分析。

随着数字技术的快速发展，大众阅读向数字化、社交化、智能化转场已经势不可当。数据的采集和分析处理变得异常便捷和必要，大众越来越趋向于将视觉、听觉阅读作为忙碌生活之余参与阅读的主要形式，并乐于在阅读社交中发表观点、记录心得，数据成了提高全民阅读的必备基础。资本涌入和商业运作带来高效发展机遇的同时，也需要进行数据治理，确保全民阅读高质量发展。

（三）公民阅读素养提升的客观需要

开展全民阅读的重要指向之一就是全面提高大众的阅读素养，主要包括阅读目的、阅读技能、领悟能力、运用能力、积极情感和调控能力六个关键要素。[①] 在当前泛娱乐化时代，大众的阅读时间被极大侵占和压缩，阅读成为少数人的自觉、自律行为，多数人缺少阅读的基本习惯。在价值选择上，大多数人仍然认为阅读是一种应该养成的好习惯，但能够真正付诸行动的人数没有达到预期。从各国人均纸质图书阅读量看，韩国人均9本，日本人均8.5本，法国人均8.4本，美国人均7本[②]，而我国2020年成年国民人均纸质图书阅读量为4.7本，人均电子书阅读量为3.29本[③]。由此可见，我国大众整体阅读率、阅读量和阅读水平仍需要进一步提高。

从提升公民阅读素养视角分析，大数据在激发大众阅读兴趣和提

---

① 李雪，林海亮．基于阅读素养发展的阅读教学特点、限度和原则［J］．教学与管理，2020（18）：81-84.

② 徐升国．全民阅读走向高质量发展路径探究［J］．科技与出版，2020（7）：6-13.

③ 中国新闻出版研究院全国国民阅读调查课题组，魏玉山，徐升国．第十八次全国国民阅读调查主要发现［J］．出版发行研究，2021（4）：19-24.

高阅读黏性方面具有较强的推动作用，特别是在全民阅读推广和阅读路径建设等方面。另外，面对当前数量巨大、形式各异的出版物，大众能否发现内容、形式等与自己兴趣相契合，或者对个人成长进步、心灵涵养有正向引导作用的阅读读物，正是大数据技术较为擅长解决的匹配和推荐问题。大数据技术对行为数据采集、存储、分析的能力不断提升，构建情感分析模型的能力不断完善，使得数字刻画正向数字孪生的高级阶段发展，将能够对大众阅读行为进行针对性智能评估，甚至进行科学引导。

二、数据驱动视野下全民阅读存在的主要问题

全民阅读已成为我国一项重要的文化治理制度，全国阅读各评价指数也逐年上升。面对大数据技术带来的发展机遇，需要进一步审视全民阅读现状与技术支撑的结合点和创新点，为实现数据驱动的大众“阅读盛宴”提供转向靶标。

（一）流量逻辑与主流价值引导的矛盾

全民阅读推广需要流量作为保证，然而当前以经济收益为主要驱动力的流量逻辑盛行，导致大批阅读内容偏向于博人眼球，弱化了对社会公德的坚守和对主流价值的弘扬。

1. 阅读习惯浅表化

数字化阅读深受读者喜爱，但海量信息推送使读者注意力频繁跳转，使其更倾向于短时段、高频次的浏览式阅读，难以形成深度阅读，尤其是随着微博、短视频等“短平快”信息的广泛传播，更多人将其作为填补生活空白的主要选择。这种“注意力涣散”“追求表面价值”的阅读困境在一定程度上影响着纸质阅读，营造出一种“价值假象”，

即部分读者将看到的只言片语或者他人评论作为个人收获，导致系统性阅读行为越来越少。研究发现，在自然阅读条件下，用户在阅读中篇科普文章时纸质阅读的理解效果要比数字阅读好①；数字阅读在复杂信息理解以及记忆、认知加工等方面不如纸质阅读。②长时间的浅表化阅读，不可避免地导致惰性思维滋生和系统性思考能力发展缓慢。

2. 阅读内容低质化

流量逻辑的阅读环境使得大众读物呈现低质化趋势。为了迎合大众兴趣，各类追求感官刺激的小说、短文盛行一时，部分读物披上明星外衣进行流量贩卖，这种轻质化、娱乐化的阅读内容充斥市场，导致社会主流价值导向被边缘化。此外，工作生活的快节奏使得知识学习式的阅读行为更加关注利益导向，只注重实用性的功利化阅读，而忽略了阅读带来的思维训练、知识拓展、精神涵养等功能。特别是声称可以“快餐式”提高读者某项素质能力的读物，从议题选择和话语营造上贩卖焦虑情绪，刻意迎合受众的认知偏见，达到其经济利益目的。而一些优质的阅读内容在新媒体平台被随意改编，容易导致其精神内核发生外显偏移，使普通读者产生曲解和误读，影响宣传推广效果。

3. 阅读行为形式化

受传统文化和社会风气影响，大众普遍认同阅读行为，但开始出现形式化趋势。特别是随着资本力量涌入实体书店，书籍成了“网红

---

① 马捷，张光媛，徐晓晨，等. 数字阅读与纸质阅读理解效果及沉浸体验实验研究：以科普知识为例［J］. 图书情报工作，2018，62（16）：35-46.

② 袁曦临，王骏，刘禄. 纸质阅读与数字阅读理解效果实验研究［J］. 中国图书馆学报，2015，41（5）：35-46.

书店”的附庸品，而时尚的豪华装修、多样的营销活动成了吸引读者“打卡”“晒图”的主要因素。阅读也变为一项休闲娱乐活动，与美食、茶饮、文创相捆绑，发展成一种符号含义和身份认同。阅读行为也被赋予了社交属性，交流、分享成为阅读的主要目的，关注、转载成为阅读价值增值的主要途径[①]，大众更加关注是否进行了阅读，追求阅读带来的形式价值。同时，相同的阅读兴趣驱使读者形成较为开放且稳定的阅读“圈层”，这种圈层在一定程度上促进了阅读行为形成“情感共鸣”，但相对固化的“意见领袖”又使得内部观点趋同，削弱了个人独立深入思考的积极性，继而产生相对静止的阅读习惯。

（二）广泛推广与大众感受不足的矛盾

目前，全国各地正精心开展各类全民阅读推广活动，积极营造“爱读书、读好书、善读书”的舆论氛围和文明风尚，倾力打造的“15分钟阅读圈”等公共设施，为大众提供了可获得性的优质资源，但大众对阅读推广的满意率仍有待进一步提升。

1. 公共设施利用率不高

目前，我国有3200家公共图书馆，平均43万人拥有一家，与国际图书馆联盟提出的“平均1.5公里范围拥有一家图书馆，平均5万人左右拥有一家公共图书馆”的标准还相差甚远。[②]实体书店、社区书屋、农家书屋等全民阅读公共服务基础设施极大地弥补了这一不足。2020年，我国城镇成年居民对居住的街道附近至少一种公共阅读服务设施的知晓率为51.1%，但对公共图书馆、报刊栏、社区阅览室/社区书屋

① 姚倩. 人工智能时代阅读的社会化转向与困境探析［J］. 科技与出版，2021（1）：156-160.

② 徐升国. 全民阅读走向高质量发展路径探究［J］. 科技与出版，2020（7）：6-13.

/城市书房的单体知晓率均未超过30%[①]，表明相关设施还没有引起更多大众的认识和了解。2020年，我国城镇居民使用过公共图书馆、报刊栏、社区阅览室/社区书屋/城市书房的比例偏低[②]，表明大众使用公共阅读服务设施的意愿不高，没有充分发挥全民阅读服务设施对全民阅读活动的支持作用。

2. 推广活动触达面不广

目前，全国所有省份和数百个城市设立了形式各异、特色鲜明的全民阅读推广活动，对激发大众的阅读兴趣、培养大众的阅读习惯产生了突出作用。但2020年，我国成年国民对全民阅读品牌活动中“机关企业/校园读书活动”“本地读书会”“本地城市读书节”“书展书市”“城市读书大讲堂”等的知晓率和参与度均未超过30%[③]，相关活动的组织开展更多的是吸引学生群体或读书爱好者，对社会面的辐射度和影响力还有待加强。央视综合频道推出的《朗读者》以其“文化+综艺”的独特定位，在观众群体中掀起了“用文化感染人、用朗读鼓舞人、用读书教育人”的示范作用，并展现了较强的长尾效应，对其他全民阅读推广活动的宣传提供了借鉴经验。

3. 阅读资源发展不均衡

2020年，我国成年国民报纸阅读率、期刊阅读率较上年均有下降，

---

① 中国新闻出版研究院全国国民阅读调查课题组，魏玉山，徐升国. 第十八次全国国民阅读调查主要发现［J］. 出版发行研究，2021（4）：19–24.

② 中国新闻出版研究院全国国民阅读调查课题组，魏玉山，徐升国. 第十八次全国国民阅读调查主要发现［J］. 出版发行研究，2021（4）：19–24.

③ 中国新闻出版研究院全国国民阅读调查课题组，魏玉山，徐升国. 第十八次全国国民阅读调查主要发现［J］. 出版发行研究，2021（4）：19–24.

而数字化阅读方式的接触率则上升了0.1%。[①]湖南图书馆数字阅读平台“一网读尽”2021年新注册用户近13万，页面访问量近千万人次，与之对比，纸质阅读需要更进一步提质增效。2020年，我国农村居民的图书阅读率以及年增长率均低于城镇居民[②]，其表现出全民阅读活动在城乡之间的发展不平衡。此外，有声读物正逐渐成为成年国民和特殊人群进行阅读的新选择，2020年，我国有31.6%的成年国民有听书习惯[③]，有助于儿童对绘本等读物养成良好的阅读习惯，这都要求全民阅读资源要进行更加合理均衡的分配布局，助力全领域的健康发展。

（三）海量数据与处理能力不足的矛盾

全民阅读高质量发展需要不断完善的数据驱动技术作为支撑，海量数据已经提供了必要基础条件，而技术能力不足和人才队伍建设的滞后性影响了全民阅读质量提升。

1. 技术能力制约创新式发展

数据驱动技术以数据采集、数据分析、数据运用、数据管理、数据反馈形成完整闭环[④]。囿于数据采集的方式、渠道、成本，以及对个人隐私保护等法律要求，目前仍然难以获取完美数据。因受限于数据分析能力，目前非结构数据清洗难、既有数据价值挖掘不到位等问题依然存在。数据的存储、传输和安全分享等管理难题也对数据资源处理平台、通信网络等软硬件设施提出了极高要求。算法开发过程中技

① 中国新闻出版研究院全国国民阅读调查课题组，魏玉山，徐升国．第十八次全国国民阅读调查主要发现［J］．出版发行研究，2021（4）：19-24.

② 中国新闻出版研究院全国国民阅读调查课题组，魏玉山，徐升国．第十八次全国国民阅读调查主要发现［J］．出版发行研究，2021（4）：19-24.

③ 中国新闻出版研究院全国国民阅读调查课题组，魏玉山，徐升国．第十八次全国国民阅读调查主要发现［J］．出版发行研究，2021（4）：19-24.

④ 魏莹．新时代高校思想政治教育数据驱动研究［D］．成都：电子科技大学，2021：45.

术研发人员的个人价值容易嵌入数据标注和算法目标设定等环节，形成不可知、不可查的“黑箱”式价值偏见，影响数据运用的安全性和可靠性。因此，依靠数据驱动技术推动全民阅读高质量发展还有待进一步的实践探索，以促进技术的迭代成熟和融合发展走向深入。

2. 人才队伍限制跨越式发展

大数据人才是实现数据驱动全民阅读发展的关键。当前，大数据专业人才培养和就业的缺口仍然较大，相关调查结果显示，2020年数字化出版综合型人才市场的缺口达227万，而相关专业的毕业生人数仅71.5万。① 在业务运行中，普遍存在数据应用和数据治理“两张皮”“夹生饭”“靠边站”等情况，业务人员缺乏大数据技术基础，面对海量数据无从下手；技术人员难以连通数据孤岛，无法穿越业务层，发挥不出本身的技术优势；而精通业务和技术的复合型人才又缺乏完善的培养渠道，培养周期较长、成本也较高。人才资源的缺口和应用机制问题，直接限制了全民阅读的高质量发展，面对大数据带来的技术机遇，难以发挥出应有的技术赋能优势。

3. 数据壁垒阻碍融合式发展

大众进行纸质图书、报纸、期刊，以及数字化阅读的时长、频率、内容等数据，很大一部分由淘宝、微信、抖音、门户网站等民营科企直接掌控。政府推广全民阅读，除了对民营科企进行价值导向约束和管理，还需要直接利用数据展开社会分析，甚至利用媒体平台信息传播和精准推荐等优势，向大众投放阅读内容，激发大众的阅读兴趣，增强大众阅读黏性，引导大众向纸质阅读、深度阅读转换，这无疑是

① 马体娟. 大数据背景下传统期刊数字化出版问题探析［J］. 新闻传播，2020（18）：82-83.

政府借助数据助力全民阅读需要面对的一大难题。数据资源作为数字经济时代最重要的生产资料之一，被视为经济生产的关键，因此，民营科企共享数据的意愿较低，目前也缺乏相关法律规定赋予政府对企业数据资源享有的共享共治权，难以依靠全民阅读活动轻易打破数据壁垒。

三、数据驱动全民阅读高质量发展的有效路径

数据作为推动全民阅读高质量发展的重要科技驱动力，对吸引大众开启阅读、提高参与阅读主动性、提升阅读质量、增强阅读获得感具有重要作用。在深入分析发展价值和问题的基础上，找准二者有机结合点综合施策发力，才能助推全民阅读走向深入。

（一）基于数据融合激发阅读兴趣

激发全民阅读兴趣，需要在全社会广泛设置议题、影响社会舆论走向、引领社会风尚，在潜移默化中对民众实施灌输和引导，引起普遍价值观共鸣，激发起民众对阅读的兴趣。

1. 全维宣传

为了持续激发大众阅读兴趣，政府、出版社、图书馆等要积极采用新媒体形式进行广泛传播，无论是报纸、书籍、期刊、杂志等纸媒，还是电视、电影、网络图文、短视频等数媒，都要协同融入智媒，充分发挥数据驱动的技术优势，实现全维宣传渠道的全面覆盖，实现阅读推广与读者无碍接触。与读者之间建立智能化互动机制，通过读者对宣传推广信息的点击次数、浏览时间、评价反馈等数据，分析挖掘大众对阅读的效用需求和兴趣点，并实时调整互动策略，促进读者建立起长期的阅读习惯。这种依靠大数据进行的隐蔽浸润式阅读宣传，

促使读者第一时间掌握阅读服务及设施的基本信息，为阅读赋予共感共生的生命气息，让阅读真正融入日常，营造良好的阅读氛围。

2. 精准推荐

精准推荐算法能够为大众定制契合需求的最佳方案，从而更加精准高效地激发阅读兴趣。基于内容标签的精准推荐，通过为不同阅读内容和潜在读者进行标签标注，实施针对性精准推荐。对知识集中型个体而言，向其推荐专业书籍能促进其工作能力，推荐艺术类、文学类读物能提高其道德修养、审美和创新能力，推荐人文社科和自然科学类读物能提高其思维层次、扩大其知识面。对普通劳动者而言，阅读欲望更多来源于兴趣爱好，因此，应向其推荐能够获得精神满足或情感寄托的读物。基于协同过滤的推荐，将读者划分为兴趣相投、需求相似的群体，根据同一群体内某位读者的阅读行为，向其他读者进行精准推荐，并通过算法迭代能力不断提高精准推荐的可扩展性。随着理论研究和实践创新不断推进，基于大众网络痕迹和行为数据进行的智能推荐将更加科学精准，将进一步吸引大众开始阅读、参与阅读。

3. 联动引流

对全民阅读而言，多域数据融合有助于信息的联动和引流，对激发大众阅读兴趣具有重要作用。2021年9月9日，工信部信管局提出有关即时通信软件的合规标准，要求各平台必须按标准解除屏蔽，使用户能够在同一平台完成多个软件操作，例如，在微信平台打开抖音链接观看短视频等。借助多平台间的数据联动引流，可以实现不同类型的宣传信息联合推广，更加高效地引导大众建立阅读行为，例如，读者在浏览短视频过程中，对某个经典小说片段的视频化解读产生浓厚兴趣，激发起进一步阅读全本的欲望，平台感知后主动投送阅读资源链接，引导读者转向电子书、网站、图书馆甚至书店等不同阅读平台，促使其进行原文深读、精读。这种多平台间的数据联动引流还可以作用于全民阅读活动的宣传以及阅读设施的普及，扩大相关信息的触达范围，提高信息传播效率。

（二）基于党管数据护航价值导向

不当运用数据驱动技术会产生负面影响，需要进行必要的管理约束，必须坚持“党管数据”的基本立场，确保正确的全民阅读价值导向，服务社会更好向善、向上发展。

1. 助推效用阅读

阅读的动力来自需求满足，不同读者的效用各不相同，可能是提升劳动技能、增强思维能力，也可能是醇化道德涵养、排遣精神压力，也有相当数量读者倾向于从阅读中获取精神放松和娱乐满足。研究发现，普通劳动者如果长期生活在静止、封闭和对劳动技能要求不高的环境中，就很难养成知识性阅读的习惯，需要引导其认识到阅读能让其获取应对生活挑战或产生现实收益所需的知识，并提高其获取适合材料的能力。[①] 这就要求数据驱动的全民阅读活动在全维宣传、精准推荐和联动引流过程中，积极向读者提供需求满足式和价值引领式的高效用阅读推荐，主动摈弃商业模式下兴趣主导、趣味迎合式的引导逻辑。例如，主动将珠三角“打工诗人”[②] 的案例信息推送至与其具有相同职业、性格、爱好、社会资源，或者类似价值观念和发展潜力的个体，提高阅读效用的引导力量。

---

① 张世海. 论我国全民阅读的三个核心问题：以知识为中心的考察［J］. 出版发行研究，2021（8）：11-16.

② 刘畅. “打工诗人”的文学活动与社会适应［J］. 社会学研究，2019，34（6）：115-136.

2. 引导深度阅读

深度阅读是相对浅度阅读而言的一种阅读形态，更加强调较长时间的集中阅读行为。由于读者对阅读内容的理解和探索需要智力和情感的高度投入，因此，深度阅读也被认为是评价全民阅读水平的主要指标之一。出版社是发掘优质创作和出版优质读物的关键，具有商业和文化双重属性，灵活运用数据采集和分析处理等数据驱动技术，能够有效提高选题策划的工作效率，精准定位潜在高价值读物，为引导大众深度阅读提供高质量内容基础。读者能够依靠数据驱动技术提高深度阅读效率，首先，利用数据画像为读者制订个性化阅读计划，对阅读行为发挥目标约束效应；其次，利用数据智能分析读者作息规律，智能划分出集中阅读时间；再次，为读者推荐针对性阅读方法，并利用数据化记录手段帮助读者构建知识网络；最后，为读者提供系列化阅读推荐，拓展读者的阅读视野。

3. 推重品质阅读

阅读品质关键在于读者从阅读内容中收获的情感连接，以及对自身品行外化于行的引导作用，读者通过阅读与作者进行心灵对话，感悟不同的精神世界和文化根脉。数据驱动阅读品质提升，除了为读者精准匹配丰富知识效用和引导深度阅读的内容，也要重视为不同读者提供更加丰富多彩、质量上乘的阅读佳品。要注重提升阅读仪式感，根据读者兴趣点建设多风格、多模式的阅读场景，提供单人间、团组间和集体大厅等阅读场地，采用传统中式和现代简约等不同装修风格，提升阅读代入感。加强阅读行为的数据采集和归类存储，为每名读者建立跨越线上、线下不同载体的阅读信息存储平台，提供更加直观高效的计划打卡、痕迹记录和心得撰写渠道，借助平台社交功能分享、交流的特点，增强读者的阅读获得感。

（三）基于队伍建设增强主体力量

大数据具有现代信息技术鲜明的时代标识，利用数据驱动全民阅读的深度发展，需要打造一支具备复合素养的人才队伍，增强全民阅读创新发展的主体力量和科技驱动力。

1. 引入专业人才

数据驱动全民阅读高质量发展需要引入大数据专业人才，建立一支具备大数据处理、管理、分析、系统建设、安全维护、服务规划等全流程、全体系的人才队伍，包括数据采集工程师、数据标注工程师、数据管理工程师、数据建模工程师、数据系统工程师等具体岗位。不能将技术团队简单地视为保障性、技术性、服务性单位，要科学制定人才梯队，增设数据管理岗位，建立起与业务团队层级相应、结构相同的行业机构。要注重优化完善团队体制架构，实现应用数学、统计学、大数据、人工智能、软件工程等多学科协作。还要探索完善大数据人才引进和使用政策，以多种方式、途径吸纳人才，并重视经济激励作用，积极搭建平台，促进其技术优势转化为全民阅读发展的推动力。

2. 打通合作机制

数据优势的发挥得益于业务团队和数据团队的深入合作，需要经历"业务—产生数据—分析数据—助力业务"的螺旋上升过程，特别是对数据团队提出了更高要求，需要其主动了解业务领域，以具体业务场景为出发点，探索数据技术赋能业务的着力点，为业务开展提供全新的视野和解决问题的工具。业务团队也需要积极接纳、理解和指导数据团队的工作，主动共享全部数据，协助打通内部数据孤岛和数据烟囱，协助统一数据标准，积极利用数据辅助业务分析和管理决策。

不同受众性别、年龄、位置空间、教育程度、个人偏好、职业、行业等情况，制订差异化的全民阅读推广方案和资源配置方案。要利用数据共通共享优势，促进阅读推广活动和公共阅读设施在线上、线下全面融合布局，通过研发智能书签等设备，将纸质阅读与移动阅读、有声阅读等数字化阅读连通至同一数据平台，实现个体阅读行为的全面数据化、一体化。满足阅读需求。要利用数据化决策提升全民阅读公共资源和市场资源的开发利用和结构优化能力，吸引更多市场资源布局实体书店、数字阅读，避免只重视经济收益的单维引导，促使市场活动更加关注社会主流价值导向，培育充满活力又平衡发展的全民阅读生态圈。

四、结语

大数据时代，随着数据价值逐渐发挥优势，数据驱动的运营模式已经深入人心。全民阅读整体向好发展的同时，面对数字化生活的现实影响和技术赋能的时代机遇，要求全民阅读更加注重数据技术应用，既要重视利用技术优势推动创新发展，也要积极应对技术异化等问题，加速转型创新，实现全民阅读高质量发展，满足人们对美好生活的追求和向往。

（原文载《湖南行政学院学报》2022年第3期，栾纪文，李贝，部分内容有删改）

后　记

《数智时代网络思想政治教育守正创新研究》注重着眼新时代、立足新方位，总结新理念、谋划新路径，正文部分共包括20篇文章，分为“理论探讨”与“实践探索”上下两篇，以内嵌智能化、拟人化、交互性、涌现性、自我性的数智技术作为贯穿其中的逻辑链条，以规范、导引、嵌入甚至植入日常行为进而影响思想的内在机制作为研究的逻辑起点。在理念上，探究数据驱动、算法推荐、场景赋能等对网络思想政治教育带来的影响，分析主客体关系的“变”与“不变”及如何实现个性化教育。在实践上，注重用好数据采集、5G、全媒体等数智技术物化形态，探寻网络思想政治教育质效提升的现实路径。

全书内容主要由吴穹、栾纪文、黄彦龙等三人撰写完成，部分篇目已在高水平期刊发表，在收录过程中注重结合实际，在保持大致不变的前提下，对标题和内容稍做调整。其中，吴穹负责全书的整体设计、篇目选定和统稿校对，撰写开篇序言，与黄彦龙等合作完成其中14篇文章。栾纪文负责部分统稿及校对，执笔其他文章。兰军、韩立敏参与全书审定并提出宝贵修改意见。

在即将付梓之际，向长期给予关心支持的各位专家教授和为本书出版付出辛勤劳动的编辑，表示崇高敬意和衷心感谢！